붓다 사상의
재발견

붓다 사상의 재발견

발행일   2019년 12월 13일

지은이   김주원
펴낸이   손형국
펴낸곳   (주)북랩
편집인   선일영   편집   오경진, 강대건, 최예은, 최승헌, 김경무
디자인   이현수, 김민하, 한수희, 김윤주, 허지혜   제작   박기성, 황동현, 구성우, 장홍석
마케팅   김회란, 박진관, 조하라, 장은별
출판등록 2004. 12. 1(제2012-000051호)
주소   서울특별시 금천구 가산디지털 1로 168, 우림라이온스밸리 B동 B113~114호, C동 B101호
홈페이지   www.book.co.kr
전화번호   (02)2026-5777   팩스   (02)2026-5747

ISBN   979-11-6299-594-5 03150 (종이책)   979-11-6299-596-9 05150 (전자책)

이 도서의 국립중앙도서관 출판예정도서목록(CIP)은 서지정보유통지원시스템 홈페이지(http://seoji.nl.go.kr)와
국가자료공동목록시스템(http://www.nl.go.kr/kolisnet)에서 이용하실 수 있습니다.
(CIP제어번호: CIP2019050726)

붓다 사상의 재발견

진리에 대한 집착마저 내려놓다

김주원 지음

북랩 book Lab

불교 사상을 접해 본 사람이라면 누구나 공통적으로 느끼는 사실이지만 우선 용어가 생소할 뿐만 아니라 뜻마저 너무 어렵고 심오해서 좀처럼 가슴에 와닿지 않는다. 그래서 필자는 가능한 한 불교 개념들을 독자들이 이해하기 쉽게 풀어 쓰려고 노력했고, 또한 무엇보다도 붓다가 진정으로 우리에게 전하려고 한 진의(眞意)가 무엇인지를 정확하게 파악하여 그것을 올바로 전달하려고 애썼다.

하지만 붓다의 근본 가르침인 연기와 무아, 공, 중도 사상 등을 정확히 파악하여 사람들에게 그 본래의 깊은 뜻을 분명하고 온전하게 전달하는 일은 결코 쉬운 문제가 아니다. 왜냐하면 붓다의 모든 교법들은 사실상 붓다가 깨달은 진리의 세계를 언어라는 수단을 빌려 나타낸 것이기에 붓다처럼 진리를 완전히 깨닫지 않고서는 그 내용을 정확히 이해할 수도 없고 또 올바로 설명하기도 어렵기 때문이다.

붓다는 항상 모든 이론과 견해에 대한 집착에서 떠나라고 강조하였을 뿐 아니라, 심지어 자신이 설한 교법들에도 집착하지 말라고 하였다. 진리는 언어로 표현 불가능하기 때문에 그 어떤 견해와 이론이라 하더라도 그것들은 진리 그 자체를 온전히 나타내 주는 것이 아니며, 언어로 설명된 붓다의 교법들 또한 진리 그 자체의 표현이 아님을 붓다는 철저히 자각하고 있었기 때문이다. 따라서 연기법을 비롯한 붓다의 모든 교법들은 비록 진리의 내용을 상당 부분 함축하고 있다고 하더라도 그 역시 일면적이고 부분적인 모습에 지나지 않으며, 진리의 전 면모를 온전히 담아내지는 못한다는 것이다. 이러한 인식이 전제되지 않는다면 우리는 결코 붓다의 가르침에 대한 올바른 이해에 이를 수 없고, 언제나 피상적이고 단편적인 인식에 그칠 수밖에 없다.

진리는 인간의 사유와 언어를 넘어서 있으므로 지성적 사유로 포착할 수 없고 또 논리적 언어로 표현할 수 없는 것이다. 또한 진리는 다른 사람에게 전해 줄 수도 없고, 다른 사람에게서 전해 들을 수도 없다. 그러나 붓다는 침묵만을 지키지 않았다. 붓다는 괴로움의 심연에 빠져 있는 중생들을 진리로 인도하기 위해 언어라는 수단을 빌려 방편적으로 진리를 설해 주었던 것이다. 그것이 바로 연기를 비롯한 불교의 근본 사상들이다.

붓다의 근본 가르침인 연기와 무아, 공, 중도 등은 모두 중생들을 교화하기 위해 언어라는 수단을 빌려 방편적으로 설한 것일 뿐이다. 그러므로 만약 우리가 그것들을 영원불변의 진리로 간주하고서 거기에 집착한다면, 그것은 오히려 붓다의 가르침의 진의에서 더욱 멀어지는 결과를 낳게 되는 것이다. 사람들이 이런 과오를 범하는 것을 막기 위해 붓다는 자신이 설한 교법들에 영원성과 절대성을 부여하는 것을 철저히 배격하였으며, 저 유명한 '뗏목의 비유'를 통해 자신이 설한 교법들에도 집착하지 말라고 항상 강조하였던 것이다.

이렇게 볼 때 붓다의 모든 교법들은 단지 중생들을 진리로 인도하기 위한 방법으로서만 그 의미를 가질 수 있는 것이지 그 자체로서 진리를 지시하는 것은 아니라는 것이다. 이러한 사실을 분명히 알고서 붓다의 가르침에 접근해야만 비로소 커다란 오류와 착각에 빠지는 일 없이 붓다의 가르침의 진의를 올바로 파악할 수 있게 될 것이다.

사람들은 대개 붓다의 근본 가르침인 연기, 무아, 공, 중도, 열반 등을 이해하기 쉽게 설명해 줄 것을 요구하지만 사실상 그것들은 설명의 대상이 아니며, 논리적으로 이해해야 할 것이 아니라 스스로 깨달아 알아야 하는 것이다. 붓다의 교법들은 설명을 들어서 이해할 수 있는 것이 아닐 뿐만 아니라 제대로 설명해 줄 수 있는 것도 아니다.

바로 이런 이유로 해서 우리가 붓다의 가르침을 깊이 파고들면 들수록 오히려 더욱더 깊은 미궁 속으로 빠져드는 느낌을 지울 수가 없다. 붓다의 교법들은 붓다가 체득한 깨달음의 세계를 언어라는 수단을 빌려 방편적으로 설해 놓은 것이기 때문에 논리적 지성으로 이해할 수 없음은 너무도 당연한 것이다. 그러므로 우리가 붓다가 설한 교법들에 대한 자구(字句) 해석에만 급급하고 단순한 이해에만 몰두한다면 결코 붓다의 가르침의 진의를 알 수 없게 될 것이다.

이와 같이 붓다의 가르침을 올바로 이해하기란 지극히 어려운 일이기에 필자 또한 사람들이 붓다의 가르침의 진의를 올바로 파악하는 데 작은 보탬이라도 되었으면 하는 소박한 바람에서 본서를 집필하게 된 것이다. 하지만 필자 역시 닦음이 일천하고 지혜가 부족하여 혹시라도 붓다의 가르침의 대의를 왜곡하거나 훼손하는 과오를 범하지는 않았는지 심히 두렵기만 할 뿐이다. 그러므로 만일 붓다가 전하고자 하는 본래의 의도와 어긋나는 내용이나 사실을 왜곡하는 부분이 있다면 그 어떤 질책과 따끔한 충고도 마다하지 않을 것이다. 그렇게 해서 붓다의 가르침의 진의가 올바로 드러나게 된다면 더 바랄 나위가 없을 것이다. 필자 역시 지금까지도 여전히 신비의 베일에 가려져 있는 붓다의 가르침의 참뜻이 환히 드러남으로써 그것을 통해 더 많은 이들이 참된 진리의 길로 나아가게 되기를 진심으로 바랄 뿐이다.

진리가 가지고 있는 본질적인 속성으로 인해 비록 진리는 '있다'고 말할 순 없지만, 진리는 결코 없는 것이 아니라는 사실을 밝히는 데 미약한 힘이나마 보탬이 되었으면 하는 마음뿐이다. 그리하여 진리가 반드시 '있다'고 믿어 의심치 않는 독단적인 사견(邪見)에 빠져 있는 사람들이 아니라, 진리는 결코 없는 것이 아니라는 작은 희망의 불씨를 꺼뜨리지 않고 가슴속에 소중히 간직할 줄 아는, 마음이 가난한 사람들에게 이 책을 바친다.

2019년 12월
김주원

I.

불교의 근본 사상, 연기(緣起)

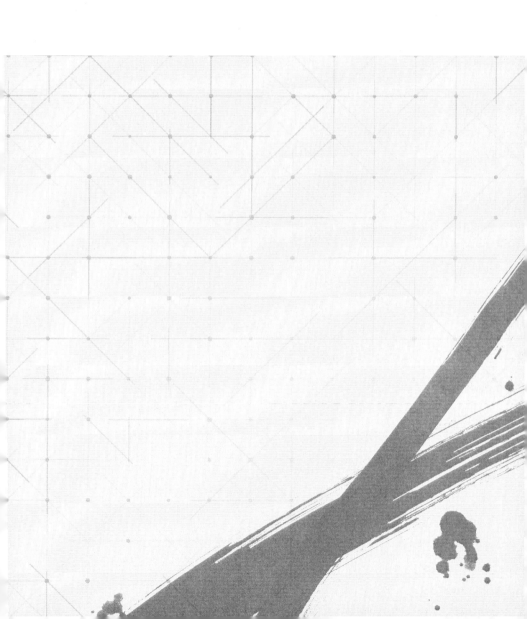

인류의 위대한 스승들 가운데 한 사람인 붓다의 가르침은 일반인들에게는 우선 용어부터가 생소하고 까다로워서 가까이 접근하기가 용이하지 않을 뿐만 아니라, 그 깊고 심오한 의미에 한 번 부딪치게 되면 마치 거대한 벽에 가로막힌 듯 한 발짝도 앞으로 나아가지 못하고 오히려 더 깊은 혼돈 속에 빠지고 만다. 그래서 오직 끈질긴 인내심과 끝까지 단념하지 않는 불굴의 의지를 가진 소수의 사람만이 결국 붓다 사상의 진수를 맛볼 수 있는 기쁨을 누릴 수 있게 된다.

우리가 붓다의 사상을 깊이 파고들면 들수록 붓다의 가르침의 진의에 더 가까이 다가가는 것이 아니라 오히려 더욱더 깊은 미궁 속으로 빠져드는 느낌을 지울 수가 없다. 이것은 붓다의 사상을 한 번이라도 접해 본 사람이라면 너 나 할 것 없이 누구나 공통적으로 느끼게 되는 마음일 것이다. 그래서 붓다의 근본 가르침을 가능한 한 쉽게 풀이하고 설명함으로써 붓다가 우리에게 말하고자 하는 진의가 무엇인지를 올바로 이해하고 인식할 수 있도록 명확히 규명해 보기로 한다.

붓다의 모든 가르침 가운데 가장 핵심이 되는 것이 바로 연기(緣起) 사상이다. 연기법에 의하면 세상의 모든 사물들은 인연으로 인하여 생겨났다가 그 인연이 다하면 다시 사라지게 된다. 또 이 세상 그 어떤 것도 독립적으로 자존하는 것은 없고, 모든 것은 서로 밀접한 관련을 맺으며 의존적으로 존재한다고 한다.

그런데 이 연기법은 세속의 언어로 표현된 것이다. 따라서 연기법이 비록 붓다가 체득한 깨달음의 세계를 언어로 나타낸 것이라고 하지만, 그것이 언어로 표현되고 설명되는 이상 그 역시 진리를 온전히 나타내 주지 못하는 한계를 가지고 있다. 왜냐하면 진리는 인간의 언어와 사유를 넘어서 있어서 우리의 인식 능력으로 포착할 수 없고 또 언어로 표현 불가능하기 때문이다.

그러므로 우리는 중생들을 교화하기 위해 언어라는 수단을 빌려 방편적으로 설한 연기의 이법을 영원불변의 진리로 여기고서 거기에 집착해서는 안 되는 것이다. 사실 연기뿐 아니라 붓다의 모든 교설들이 다 그러하다. 이러한 인식이 전제될 때 우리는 비로소 큰 오류를 범함이 없이 붓다의 가르침의 진의에 올바로 다가갈 수 있게 될 것이다.

1. 연기(緣起)의 의미

흔히 연기라든가 무아, 공, 중도라는 말로 불교 사상을 집약적으로 표현한다. 그중에서 가장 핵심 되는 개념이 바로 연기(緣起)이다.

연기는 산스크리트어로 '연(緣)하여 발생한다'라는 뜻이다. 연기는 인연생기(因緣生起)의 줄임말로, 모든 존재를 인연에 의해 일어난 것으로 보는 불교 교리의 핵심적인 개념이다.

연기란 쉽게 말하면, 세상의 모든 존재들은 인(因: 직접 원인)과 연(緣: 간접 원인)에 의해서 생기고 일어난다는 의미이다. 가령 우리가 일상적으로 경험하는 불도 스스로 생겨나는 것이 아니라 오직 연료와 공기라는 조건에 의지해서 생겨날 수 있는 것처럼, 세상의 모든 사물들도 스스로 발생할 수 없고 언제나 다른 것들에 의지해서 발생한다.

붓다는 우리가 몸담고 살아가고 있는 이 현상 세계의 존재 원리를 연기로 파악하였다. 존재하는 모든 것은 인연으로 인하여 생겨나게 되고, 또 그 인연이 다하면 소멸하게 된다는 것이다. 붓다가 말한 연기의 기본 원리는 다음과 같다.

> 이것이 있으므로 저것이 있고, 이것이 생하므로 저것이 생한다. 이 것이 없으므로 저것이 없고, 이것이 멸하므로 저것이 멸한다.
>
> - 『잡아함경』 제15권

앞의 연기론은 모든 현상이나 사실의 상호 의존성과 조건적 발생에 관하여 설명하고 있다. 연기법에 의하면 이 세상 그 어떤 것도 독립적으로 자존하는 것은 없으며, 모든 것은 서로 관련을 맺으며 의존적으로 존재한다. 이러한 연기법에서 벗어나는 것은 아무것도 없기 때문에 독립자존하는 고정불변의 실체란 있을 수 없다.

예를 들어 수레의 경우를 보자. 수레는 바퀴, 축, 차체 등으로 이루어져 있다. 그러나 그 각각을 따로 떼어 놓으면, 그 어느 것도 수레는 아닌 것이다. 다른 사물들도 모두 마찬가지이다. 여러 요소들이 모여 수레라는 사물이 성립되듯이, 모든 개개의 사물들도 여러 인연이 모여서 비로소 그 사물이 이루어지는 것이다. 그 어떤 존재가 되었건 그것은 홀로는 독자적으로 성립하지 못하고 반드시 여러 인연(원인과 조건)이 화합해야 비로소 성립되는 것이다. 이처럼 모든 사물은 오직 관계와 의존을 통해서 그 자신의 존재성을 확보할 수 있는 의존적 존재들이다.

이에 대해 나가르주나는 다음과 같이 말하고 있다.

"만물은 서로 의존하는 데에서 그 존재와 본성을 얻는 것이지, 그 자체로서는 아무것도 아니다."[1]

이 말은 모든 존재는 연기적으로 얽혀 있으며, 어떠한 존재도 타자와의 관계를 떠나서는 존재하지 못한다는 것을 의미한다. 세상의 모든 존재들은 서로가 서로에게 조건적이고 의존적이며 상대적이다. 서

---

1) 프리초프 카프라 지음, 이성범·김용정 옮김, 『현대물리학과 동양사상』, 범양사출판부, 1990, 156쪽.

로는 서로에게 꽉 물려 있어서 세계 속의 어떤 존재가 되었건 홀로 독립적으로 존재하는 것은 아무것도 없다. 세계 속의 그 어떤 것을 취하더라도 그 자체만으로 자족(自足)적으로 고립해서 존재하지 않으며, 항상 다른 모든 것과 관련을 맺고 있다.

연기법에 의하면 세상의 모든 사물과 사건은 상호 관련되고 연결되어 있는데, 일상생활 속에서 우리는 이를 깨닫지 못하고 세계를 개별적 사물들과 사건들로 나눈다. 물론 이러한 분할이 우리의 일상적 환경을 다루는 데에는 매우 유용하고 필요하지만, 그것이 세계의 본래 모습은 아닌 것이다.

그런데 붓다는 이러한 연기법이 자기가 창작해 낸 것이 아님을 밝혀 주고 있다.

> 연기법은 내가 지은 것이 아니며, 다른 사람이 지은 것도 아니다. 여래(如來)가 세상에 출현하든 출현하지 않든 이 법은 항상 법계(法界)에 머물러 있다. 여래는 다만 이 법을 자각하여 바른 깨달음을 이루어 중생들에게 설하나니, 이것이 있음으로써 저것이 있고, 이것이 생함으로써 저것이 생한다. 즉, 무명(無明)을 연하여 행(行)이 있고 결국 큰 고(苦)가 쌓인다. 이것이 없음으로써 저것이 없고, 이것이 멸함으로써 저것이 멸한다. 즉, 무명이 멸하므로 행이 멸하고 결국 큰 고가 멸한다.
>
> - 『잡아함경』 제12권

어느 날 제자인 아난이 연기에 대한 법문을 듣고는 "제가 보기에 연기는 그렇게 심오한 뜻은 없는 듯합니다"라고 말하자, 붓다는 아난에게 다음과 같이 훈계하였다.

> "아난아, 그렇지 않다. 연기는 매우 깊고 심오한 것이니 보통 사람
> 이 능히 깨칠 수 있는 법이 아니다."

- 『증일아함경』 제46권

아마도 아난은 연기론이 함축하고 있는 깊고 심오한 의미를 잘 몰랐기 때문에 이와 같은 말을 했을 것이라고 짐작된다. 사실 연기의 원리는 붓다가 체득한 깨달음의 세계를 언어로 나타낸 것이므로 쉽게 이해될 수 없음은 너무도 당연한 일이 아니겠는가?

붓다의 근본 가르침인 무아와 공, 중도 사상 등이 모두 이 연기법에 의해서 설명되므로 연기는 곧 불교의 모든 사고방식의 근저를 이루는 핵심 사상이기도 하다. 그래서 붓다는 『아함경』에서 "연기를 보는 자는 법(法: 진리)을 보고, 법을 보는 자는 연기를 본다"라고 하였다.

또한 붓다의 사상을 계승하여 대승불교를 확립시킨 나가르주나는 연기법이 함축하고 있는 깊고 심오한 의미를 철학적, 이론적으로 더욱 철저하게 해명해 주었는데, 그는 『중론』에서 팔불(八不: 生滅 등의 八邪를 부정하는 不生·不滅, 不常·不斷, 不一·不異, 不來·不去를 가리킴)이 곧 연기의 참뜻이라고 주장하였다. 그에 의하면 연기의 이치에 의해 드러나는 존재의 참모습(실상)은 생하는 것도 멸하는 것도, 항상된 것도 단절된 것도, 동일한 것도 다른 것도, 가는 것도 오는 것도 아니라는 것이다. 이러한 경지는 스스로 체득하지 않으면 안 되는 자각의 세계이다.

그동안 수많은 수행자나 학자들이 연기법에 대해 알기 쉽게 풀이하고 설명해 놓았지만, 그것들을 전부 읽는다고 해서 연기법을 확연히

알 수 있는 것도 아니다. 연기법의 깊고 심오한 데까지 나아간다면 그
것은 언망여절(言亡慮絶)의 경지여서 우리의 사유 능력으로 파악할 수
없고 또 언어로 표현 불가능한 것이다. 오직 붓다처럼 스스로 깨달아
야만 알 수 있는 경지인 것이다. 단순히 몇 줄의 글이나 해설을 통해
서 이해할 수 있는 경지가 아닌 것이다. 바로 여기에 연기 이해의 근
본적인 어려움이 있다. 그래서 붓다는 아난에게 연기는 쉽게 이해될
수 있는 법이 아니라고 말한 것이다.

2. 중도 사상에 바탕을 둔
연기의 원리

　연기라는 말 속에는 상호 의존성이라는 의미와 함께 인과성(因果性)이라는 뜻도 포함하고 있는데, 붓다가 보기에 당시의 다양한 인과론들은 모두 극단적 형태의 이론들이었다. 붓다는 자신의 인과성의 이론은 그러한 양극단을 떠난 중도적인 것이라고 하였다. 즉, 붓다의 핵심 사상인 연기의 원리가 중도 사상에 입각해 있음을 밝히고 있다.

　"보통의 인과론과 구별되는 불교 고유의 인과성의 원리로 받아들여지고 있는 연기의 원리는 엄격한 결정론과 비결정론(우연)이라는 양극단을 모두 배격한다. 붓다는 모든 것이 결정되어 있다면 인간의 자유의지는 결코 있을 수 없고, 다른 한편 모든 것이 비결정적이고 우연적이라고 하더라도 현실 세계에서 가능한 도덕적·정신적 성장은 불가능하게 된다고 보았다."[2]

　여러 극단적 형태의 인과론들은 인간의 자유의지와 노력을 통한 변화 가능성을 부정함으로써 인간의 선택과 행위를 위한 여지를 남겨두지 않았다. 그리하여 붓다는 그러한 모든 극단적 형태의 인과론들을 벗어나 중도적인 관점에서 연기를 설하고 있다. 붓다는 이처럼 결

---

2)　전재성, 『초기불교의 연기사상』, 한국빠알리성전협회, 1999, 20쪽.

정론과 우연이라는 양극단을 주의 깊게 배격하면서 이 세상에서의 자기 향상을 장려하는 가르침을 베풀고 있는 것이다.

캇차야나에게 행한 붓다의 가르침(『가전연경』)에는 이러한 연기의 원리가 철학적 중도의 입장에서 분명하게 드러나 있다. 세상 사람들은 흔히 존재(有)와 비존재(無)라는 두 가지 견해에 기울어져 있다고 하면서 붓다는 제자인 캇차야나에게 그러한 두 극단 가운데 어느 편에도 치우치지 않는 중도의 입장에서 연기의 가르침을 베풀어 주었다.

"캇차야나야, 이 세상은 흔히 두 가지 견해, 즉 존재와 비존재라는 것에 기울어져 있다. 올바른 지혜를 가지고 되어 있는 그대로 세상의 일어남을 지각하는 사람에게는 세상에서의 비존재(無)라는 개념은 나타나지 않는다. 캇차야나야, 올바른 지혜를 가지고 되어 있는 그대로 세상의 소멸함을 지각하는 사람에게는 세상에서의 존재(有)라는 개념은 나타나지 않는다…: '모든 것은 존재한다', 이것은 하나의 극단이다. '모든 것은 존재하지 않는다', 이것은 또 하나의 극단이다. 캇차야나야, 이 두 극단에 치우치지 않고 여래는 중도로써 하나의 가르침을 설하여 주마.

무명(무지)에 의존하여 성향들이 일어나고, 성향들에 의존하여 의식이 일어나며, 의식에 의존하여 심리적·물리적 자아성이 일어나고, 심리적·물리적 자아성에 의존하여 여섯 가지의 감각이 일어나며, 여섯 가지의 감각에 의존하여 접촉이 일어나고, 접촉에 의존하여 느낌이 일어나며, 느낌에 의존하여 갈망이 일어나고, 갈망에 의존하여 취착이 일어나며, 취착에 의존하여 존재의 형성이 일어나고, 존재의 형성에 의존하여 태어남이 일어나며, 태어남에 의존하여 늙음과 죽음,

슬픔, 한탄, 고통, 낙심, 절망 등이 일어난다. 그리하여 이 모든 괴로움의 덩어리가 일어나는 것이다.

그러나 무명(무지)이 완전히 사라져 소멸됨으로 해서 성향들이 소멸하고, 성향들이 소멸됨으로 해서 의식이 소멸하며, 의식이 소멸됨으로 해서 심리적·물리적 자아성이 소멸하고, 심리적·물리적 자아성이 소멸됨으로 해서 여섯 가지의 감각이 소멸하고, 여섯 가지의 감각이 소멸됨으로 해서 접촉이 소멸하고, 접촉이 소멸됨으로 해서 갈망이 소멸하고, 갈망이 소멸됨으로 해서 취착이 소멸하며, 취착이 소멸됨으로 해서 존재의 형성이 소멸하고, 존재의 형성이 소멸됨으로 해서 태어남이 소멸하며, 태어남이 소멸됨으로 해서 늙음과 죽음, 슬픔, 한탄, 고통, 낙심, 절망 등이 소멸한다. 그리하여 이 모든 괴로움의 덩어리가 소멸하는 것이다."[3]

위의 십이연기설은 인간의 근원적인 고(苦)의 원인을 해명하고 이것을 극복하는 과정을 설명하고 있다. 물론 붓다는 이러한 중도 사상에 바탕을 둔 연기의 원리를 일반 중생들이 쉽게 이해하기 어렵다는 점을 잘 알고 있었다.

불교가 궁극적으로 지향하는 것은 고(苦)를 멸하고 번뇌에서 벗어나 열반에 이르고자 하는 것이다. 물론 "고를 멸하고 번뇌에서 벗어남 역시 연기를 따라 가능하다. 왜냐하면 연기는 인연에 따라 그다음 것이 형성되어 가는 '발생의 원리'이기도 하며, 동시에 인연이 다함에 따라 그다음의 것이 소멸해 가는 '소멸의 원리'이기도 하기 때문이다. 전

3) D. J. 칼루파하나 지음, 김종욱 옮김, 『불교 철학사』, 시공사, 1996, 109~110쪽.

자는 '이것이 있으므로 저것이 있다'는 방식의 유전문(流轉門)으로서 순관(順觀)이 되고, 후자는 '이것이 없으므로 저것이 없다'는 방식의 환멸문(還滅門)으로서 역관(逆觀)이 된다. 전자가 고통이 점차 쌓여가는 집(集)의 과정을 말해 준다면, 후자는 고통의 멸로 나아가는 도(道)의 과정을 말해 준다. 이렇게 해서 연기의 원리는 고(苦)·집(集)·멸(滅)·도(道)의 사성제를 포함한다".[4]

붓다는 사성제(四聖諦: 네 가지의 성스러운 진리라는 뜻)의 형태로써 그의 핵심적인 교리를 체계적으로 제시하였다. 붓다는 자신의 체험을 통해서 네 가지 성스러운 진리, 즉 괴로움이 있다는 것, 괴로움의 원인이 있으며 그것은 반드시 극복될 수 있다는 것, 그리고 그것을 극복할 수 있는 방법이 있다는 것을 확신하게 되었다. "그것은 마치 맨 먼저 질병의 원인을 검진하고, 다음으로 그 병이 치유될 수 있다는 것을 확인하고, 그리고 마지막으로 치료법을 처방하는 의사의 화법과 다르지 않다".[5]

사성제는 ① 인생의 현실은 괴로움으로 가득 차 있다(苦諦), ② 괴로움의 근본 원인은 집착과 번뇌 때문이다(集諦), ③ 이러한 집착과 번뇌를 소멸하면 괴로움에서 벗어나 열반의 경지에 이르게 된다(滅諦), ④ 열반에 이르기 위해서는 팔정도(八正道)를 실천해야 한다(道諦)는 네 가지 명제로 되어 있다.

세상 사람들은 모두 괴로움 속에서 나날을 보내고 있는데, 괴로움의 직접적인 원인은 집착과 번뇌이다. 그러한 괴로움의 근본 원인인

---

4) 한자경, 『불교철학의 전개』, 예문서원, 2010, 69쪽.

5) 프리초프 카프라 지음, 이성범·김용정 옮김, 『현대물리학과 동양사상』, 범양사출판부, 1990, 111쪽.

집착과 번뇌를 멸함으로써 최종 목표인 열반의 경지에 이르게 된다. 붓다는 괴로움을 멸하고 열반을 얻기 위해서는 올바른 수행을 행하여야 한다고 가르쳤다. 그러한 수행 방법이 바로 팔정도(八正道)이다. 정견(正見: 바른 견해), 정사(正思: 바른 생각), 정어(正語: 바른 말), 정업(正業: 바른 행실), 정명(正命: 올바른 생활), 정정진(正精進: 바른 노력), 정념(正念: 바른 의식), 정정(正定: 올바른 선정)이 그것이다.

팔정도란 곧 중도(中道)의 실천 방법이기도 하다. 붓다는 팔정도의 실천이 곧 열반에 이르는 길이라고 했다. 이 팔정도의 실천을 통해 집착과 번뇌를 멸하고 괴로움에서 벗어나 열반에 이르게 되는 것이다.

3. 연기는 방편적 가르침에
지나지 않는다

붓다의 근본 가르침인 연기 사상은 불교에서는 이미 절대적 진리 또는 궁극적 진리로 간주되고 있지만, 연기법이 언어라는 형식을 빌려 표현되고 설명되는 한 그 역시 한계적일 수밖에 없다. 다시 말해 연기의 원리가 곧 존재의 참모습(실상)을 있는 그대로 나타내 주는 것은 아니라는 말이다.

연기는 붓다가 체득한 진리를 세속의 언어로 표현한 것이다. 그런데 인간의 언어는 진리를 올바로 나타낼 수 없다고 하는 근본적인 한계를 가지고 있다. 따라서 언어로 진술된 연기법은 진리 자체를 온전히 나타내 주는 것은 아니다. 사실 연기뿐 아니라 무아, 공, 중도 등 붓다의 모든 교설들이 다 그러하다. 왜냐하면 진리는 인간의 사유와 언어를 넘어서 있어서 사유 작용으로 포착할 수 없고 또 언어로 표현 불가능하기 때문이다.

이렇게 볼 때 연기법을 비롯한 붓다의 모든 교법들은 붓다가 깨달은 진리의 세계를 언어라는 수단을 통해 방편적으로 나타낸 것이므로 비록 그 속에 진리의 내용을 상당 부분 함축하고 있다고 하더라도 그 역시 일면적이고 부분적인 모습에 지나지 않으며, 진리의 전 면모를 온전히 담아내지는 못한다는 것이다. 그러므로 오직 중생들을 진리의 세계로 인도하기 위해 언어라는 수단을 빌려 방편적으로 설한 붓다의 모든 교법들을 영원불변의 진리 그 자체로 여기고서 거기에 집착해서는 안 된다는 것이다. 이러한 인식이 전제될 때 우리는 비로소 큰 오류와 착각에 빠지는 일 없이 붓다의 가르침의 진의에 올바로 다가갈 수 있게 될 것이다.

II.

무아(無我)의 참뜻

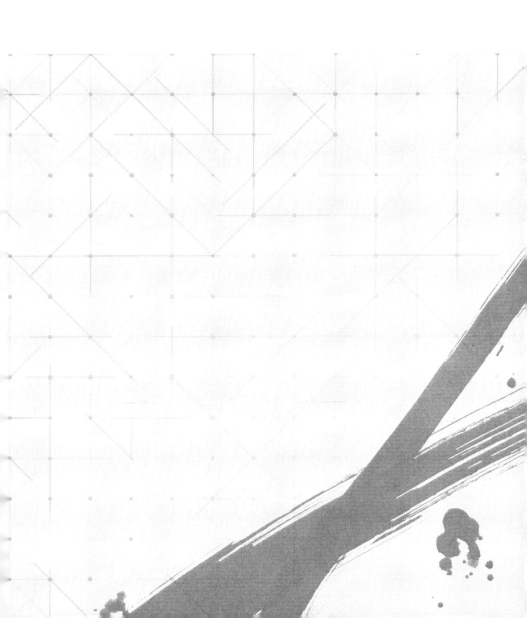

붓다의 가르침 가운데 비교적 널리 알려져 있는 것이 무아 사상이다. 그런데 이 무아 사상에 대해서도 흔히들 많이 오해하는 경향이 있는 것 같다. 붓다가 말하는 무아란 아트만과 같은 불변하는 실체로서의 자아가 없다는 의미일 뿐이지, 현실의 경험적 자아까지 부정하는 것은 아니라는 것이다. 또 세상 사람들이 흔히 오해하듯이 무아 사상은 허무주의를 나타내거나 염세적 세계관을 표방하는 것도 아니다.

사람들은 고정불변하는 실체로서의 자아란 본래 없는 것인데도 불구하고 그런 자아가 실재한다고 여겨 거기에 강하게 집착함으로써 끝없는 삶의 고통과 번뇌를 낳는다. 그래서 붓다는 고정적 실체로서의 자아란 없다고 하는 무아의 도리를 깨침으로써 자아에 대한 집착에서 벗어나고 모든 고통과 번뇌를 멸할 수 있다고 보고 무아를 설한 것이다.

그러나 이것만이 전부는 아니다. 붓다는 여기서 한 걸음 더 나아가 무아에 대한 집착에서도 떠날 것을 강력히 촉구한다. 왜냐하면 자아와 무아라는 분별 인식을 통해서는 결코 실상(實相)에 도달할 수 없으며, 또한 자아에 대한 집착에서는 떠났을지 몰라도 다시 무아라는 인식에 집착하고 매달린다면 그것은 여전히 이원적 분별과 집착에서 완전히 벗어난 것이 아니기 때문이다.

그러므로 우리는 고정불변의 자아가 있다고 하는 그릇된 생각(邪見)을 버리고, 또 자아에 대한 집착(我執)에서 벗어나야 할 뿐만 아니라 더 나아가 무아라는 말에서도 떠나야 하는 것이다.

붓다는 고정불변의 자아가 있다고 하는 잘못된 견해를 버리라고 하였지, 결코 자신이 설한 무아의 이법을 영원불변의 진리로 여기라고는 하지 않았다. 붓다는 항상 자신의 교법들을 영원불변의 진리로 절대화하는 것을 신중하게 피하였으며, 저 유명한 '뗏목의 비유'를 통해 궁극적으로는 자신이 설한 교법들에서도 떠나라고 공언하였던 것이다.

1. 무아(無我)의 의미

　무아 사상은 불교를 다른 모든 종교·철학 사상과 구별 짓게 하는 불교의 특징이자 근본 사상이다.

　무아(無我)란 말 그대로 자아가 없다는 뜻이다. 여기서 자아가 무엇인가 하는 문제가 제기될 수 있는데, 동서양을 막론하고 대체적으로 자아 개념을 나, 실체, 영혼 등의 개념과 동일시하는 경향이 있었다. 따라서 자아의 부정은 곧 실체나 영혼의 부정을 의미한다. 주지하다시피 붓다는 고정불변하는 실체로서의 자아나 영혼을 단호히 부정한다.

　불교에서는 자아를 색수상행식(色受想行識)의 다섯 가지 요소들, 즉 오온(五蘊)으로 분석하여 설명한다. 즉, 자아는 색(신체), 수(느낌), 상(지각), 행(성향), 식(의식)이라는 다섯 가지 요소가 인연화합하여 생성된 연기의 산물이며, 그 안에 독립적이고 자립적인 고유한 자아란 존재하지 않는다고 본다. 우리가 보통 '나'라고 생각하는 자아는 단일의 실체가 아니라 단지 오온이 일시적으로 화합하여 이루어진 집합체일 따름이라는 것이다.

　이와 같이 자아를 다섯 가지의 집적체들로 분석한다는 것은 고정불변의 형이상학적 자아가 존재하지 않는다는 것을 밝혀 주기 위한 것이다. 그리고 자아를 구성하는 색수상행식 다섯 가지 요소들 중 그 어떤 것도 영원불변하다고 할 수 없으며, 그것들은 모두 변화와 소멸

을 피할 수 없는 무상한 것들이다.[6]

이러한 오온에 대해 붓다는 다음과 같은 비유로써 설명하고 있다.

색은 물방울과 같고, 수는 물거품과 같으며, 상은 아지랑이와 같
고, 행은 파초나무와 같으며, 식은 환상과 같다.

- 『잡아함경』 제10권

여기서 무아에 대한 이해를 돕기 위해 간단한 비유를 들어 설명해
보자. 가령 집 한 채가 있다고 할 때, 집은 단일한 실체가 아니라 지
붕, 바닥, 기둥, 벽 등으로 이루어진 결합물이다. 그러한 요소들 중 어
느 것도 집 자체는 아니다. 또한 집은 그러한 요소들을 떠나 따로 있
는 것도 아니다. 집은 여러 요소들이 일시적으로 화합하여 이루어진
인연화합물이며, 그 요소들이 일시적으로 화합하여 있는 동안에만 집
으로서 기능할 뿐 그 요소들이 흩어지면 집 또한 사라지고 마는 것이
다. 따라서 집이란 그에 상응하는 실재가 존재하지 않는 일시적인 명
칭(假名)에 지나지 않는 것이다.

또 수레 한 대가 있다고 할 때, 그 수레는 바퀴, 차체, 축 등으로 이
루어진 화합물이다. 그러한 요소들 중 어느 것도 수레는 아니며, 또한
그러한 요소들을 떠나서 수레라는 실체가 따로 있는 것도 아니다. 수

---

6) 이 세상 모든 존재는 항상됨이 없이 한순간도 멈추지 않고 끊임없이 변화하고 있다. 이를 불교에
서는 제행무상(諸行無常)이라고 하는데, 이 세상에서 변화를 겪지 않는 것은 아무것도 없다는
것이다. 단단한 쇳덩이나 바위 같은 것도 외견상 변하지 않는 것처럼 보일지 몰라도 실제로는 시
시각각으로 변화하고 있다. 존재란 여러 요소들이 여러 가지 조건에 의해 임시적으로 모여 있는
집합체에 불과하기 때문에 존재를 구성하는 요소와 조건들이 변하거나 사라지면 그 존재 역시
변하거나 사라지게 되는 것이다. 존재를 구성하고 있는 요소들도 역시 고정불변한 것이 아니라
끊임없이 변화하는 것이다. 그래서 모든 존재는 무상한 것일 수밖에 없다.

레는 단지 일시적으로 이름 붙여 부르는 가명일 뿐이다.

집이나 수레를 이루고 있는 그 어떤 요소도 집이나 수레 그 자체는 아니다. 하지만 그러한 요소들을 떠나서 집이나 수레가 따로 있는 것도 아니다. 이와 마찬가지로 자아를 이루는 색수상행식 다섯 가지 요소들(오온) 중 그 어떤 것도 '나'라고 할 만한 것은 없다. 그렇다고 오온을 떠나서 자아가 따로 존재하는 것도 아니다.

모든 존재는 그것을 이루는 여러 요소들의 결합물일 뿐 어떤 단일한 실체가 아니다. 따라서 그 요소들이 결합되어 있는 한에서만 존재하고 그 요소들이 흩어지면 사라져 버리는 무상한 것들이다. 요컨대 모든 존재는 여러 요소들이 인연화합하여 일시적으로 결합된 것이기에 단일하지도 않고 또 항상되지도 않다는 것이다.

이와 같이 자아는 물론 일체 존재는 불변하는 단일의 실체로서 존재하는 것이 아니기 때문에 불교에서는 '무아'를 말하는 것이다. 역으로 말하면 만약 자아라는 개념에 상응하는 고정적 실체가 진실로 존재한다면 결코 무아를 말하지 않았을 것이다.

2. 자아는 그 실체가 없는 허구의 개념일 뿐이다

　자아는 색수상행식 오온의 화합물로서 단일한 일(一)이 아니라 다(多)로 이루어져 있다. 자아뿐 아니라 수레, 집 등 모든 존재는 여러 요소들이 일시적으로 인연화합하여 결합된 것이기에 단일하지도 않고 또 항상된 것도 아니다. 그러므로 우리의 경험 세계에 관한 한 순수한 단일의 요소로 이루어진 불가분적이고 불변적인 존재란 없다는 것을 알 수 있다. 불교의 연기와 공 사상에 의하면 그런 단일의 요소로 이루어진 고정불변의 존재란 없으며, 그것은 우리의 상상력이 만들어 낸 관념의 산물로서 단지 언어를 실체화한 것에 지나지 않는다.

　불교에서는 자아라는 개념 자체가 언어에 의해 실체화되고 고정화된 허구적 관념임을 강조한다. 그런데도 그 어떤 고정적 실체로서 존재하지도 않는 자아에 집착하려는 성향에서 인간의 고통이 생겨난다고 주장한다.[7]

---

7) 인간의 역사를 통틀어 나타나는 반성적 사고의 전통에서는 우리의 경험 세계 내에서 독립적이고 영속적인 고유한 자아가 발견되었다는 주장이 발견된 적이 없다. 대륙의 합리론과 영국의 경험론을 비판하고 종합하여 근대 철학을 완성한 칸트를 독단의 꿈에서 깨어나도록 만들었던 데이비드 흄(David Hume)의 유명한 구절을 인용하면서 이 점을 분명히 하여 보자.
　"내 개인적인 입장에서 보자면, 내가 '나 자신'이라고 부르는 것에 가장 가깝게 갈 때, 나는 항상 뜨거움 또는 차가움, 빛 또는 어둠, 사랑 또는 미움, 고통 또는 기쁨의 이러저러한 지각을 더듬어 가고 있을 뿐이다. 나는 이러한 지각 없이 '나 자신'을 포착한 적이 없으며, 이러한 지각 이외에는 아무것도 관찰한 것이 없다."

불교적 관점에서 볼 때, 집이란 그에 상응하는 실재가 존재하지 않는 임시적인 명칭(假名)에 불과하듯이, 자아라는 것은 그것이 지시하는 실체가 없는 허구적 개념에 지나지 않는다. 따라서 자아란 고정불변하는 실체로서 존재하는 것이 아니라 단지 우리의 관념으로서만 있는 것이다. 마치 다섯 손가락의 모임을 '주먹'이라 칭하지만, 주먹이란 단지 명칭에 불과할 뿐 그에 상응하는 실재가 따로 없는 것과 같다. 주먹은 다섯 손가락을 떠나서 따로 존재하는 것이 아니다. 손가락을 모으면 주먹이 있지만, 손가락을 펴면 주먹은 더 이상 없다. 그러므로 주먹은 다섯 손가락을 떠나서 그 자신의 독립적 실체를 갖지 못함을 알 수 있다. 주먹과 마찬가지로 자아라는 것도 오온을 떠나 독립된 실체로서 존재하는 것이 아니다.

이러한 통찰은 자아에 대한 우리의 지속적인 확신과 정면으로 대립하고 있다(바렐라·톰슨·로쉬 공저, 석봉래 옮김, 『인지과학의 철학적 이해』, 옥토, 1997, 116쪽). 일상적 경험이 제공하는 자아에 대한 지속적인 느낌과 우리의 반성적 사고에서 나타나는 자아 발견의 실패는 불교에서는 중심적인 문제가 된다. 무자아, 비실체성에 대한 두려움과 공포, 그리고 자아에 대한 집착과 욕망에 의해 고정불변하는 실체로서의 자아가 있다고 고집하는 실체적 자아관이 성립하는 것이다. 이런 실체적 자아관은 다시 모든 괴로움과 집착의 원인이 됨으로써 더욱더 그것을 고착화시키는 악순환을 거듭하게 되는 것이다.

3. 무아를 설한 목적

불교에서는 괴로움과 번뇌의 근본 원인이 집착에 있다고 본다. 세상 사람들은 쾌락이나 돈, 명예, 권력 등에 단단히 집착한다. 그리고 가장 근원적인 집착은 바로 자기 자신, 즉 자아에 대한 집착(我執)이다.

고정불변하는 실체로서의 자아란 본래 없는 것임에도 불구하고 사람들은 그런 자아가 실재한다고 여겨 거기에 집착함으로써 끝없는 삶의 고통과 번뇌를 낳는다. 그리하여 붓다는 고정적 실체로서의 자아란 없다고 하는 무아의 도리를 깨침으로써 아집(我執)과 일체의 집착에서 벗어나고 고통을 멸할 수 있다고 보고 무아를 설한 것이다. 즉, 무아의 도리를 깨치면 자아에 대한 집착을 버림으로써 모든 번뇌와 고통에서 벗어난 해탈의 삶을 얻을 수 있다고 보았다.

흔히 오해하듯이 불교의 무아 사상은 염세적 세계관을 드러내는 것이 아니며, 또 허무주의를 표방하는 것도 아니다. 단지 불변하는 고정적 실체로서의 자아가 없다는 사실을 말하는 것일 뿐이다.[8]

---

8) 우리가 무아라고 할 때 그 말은 아(我)라고 하는 본체 또는 실체가 없다는 의미이지 그야말로 아무것도 없다는 뜻은 아니다. 무아 사상에서 부정하는 것은 불변하는 실체로서의 자아이지, 현실의 경험적 자아까지 부정하는 것은 아닌 것이다. 고정불변하는 실체로서의 자아란 본래 없는 것이지만, 오온의 화합물로서의 자아, 즉 자기 정체성을 유지하면서도 변화하는 경험적 자아는 분명히 존재하고 있다. 따라서 고정불변하는 실체로서의 자아는 부정되지만, 현실의 경험적인 자아는 긍정되는 것이다. 변화와 소멸을 피할 수 없는 현상적인 자아는 비록 고해를 헤매는 고(苦)의 존재이지만, 또한 자신의 노력과 의지를 통해 고를 극복하고 깨달음을 성취한 해탈자로 거듭날 수 있는 존재이기도 하다.

붓다는 영속적이고 변치 않는 자아가 존재한다는 미망과 착각에서 벗어나도록 하기 위해 무아를 설한 것이다. 이러한 무아 사상을 통해서 자아에의 집착을 끊고 모든 번뇌와 고통에서 벗어난 자유로운 삶을 얻을 수 있는 것이다.

4. 무아의 참뜻

불교의 무아 사상은 아트만과 같은 고정불변의 자아란 없다는 사실을 명확히 밝혀 준다. 즉, 자아라는 말은 그에 상응하는 실체가 없는 허구의 개념에 지나지 않는다는 것이다.

그러나 자아 개념만 그런 것이 아니다. 자아라는 말이 하나의 허구적 개념에 지나지 않는다면, 그와 대비되는 무아라는 말도 역시 하나의 방편적 일컬음이요, 임시적인 명칭(假名)일 뿐이다. 다시 말해 불교인들이 진리로 간주하고 있는 무아의 이법도 실제로는 진리를 있는 그대로 나타내 주는 것이 아니므로 자아는 물론 무아에도 집착해서는 안 된다는 것이다. 그러므로 우리가 붓다의 무아설을 통해 비록 자아에 대한 집착에서는 벗어났다고 하지만 다시 무아라는 말에 얽매이고 집착한다면, 붓다가 무아설을 통해서 진정으로 우리에게 전하고자 하는 본래의 의미는 놓치게 된다는 것이다.

그렇다면 무아설을 통해서 붓다가 우리에게 전하고자 한 진의는 무엇이었을까? 만일 고정적 실체로서의 자아가 진실로 없는 것이라고 한다면 당연히 무아라고 하는 것이 옳지 않겠는가? 그런데 어째서 또다시 무아마저 부정되는 것인가? 자아도 아니고 무아도 아니라면 도대체 그 무엇이란 말인가?

우리들이 강하게 집착하는 나에게는 실재성이 없으므로 불교에서는 무아를 말하는 것이다. 하지만 무아라는 말의 뜻은 단순히 이런 정도의 이해 수준에 그치는 것이 아니다. 우리가 무아라는 개념에 접근할 때 단순히 겉으로 드러나는 무아라는 말의 문자적 의미에만 얽매인다면 붓다가 말하고자 하는 무아의 참뜻을 놓치게 된다.

붓다는 아트만과 같은 고정불변의 자아가 있다고 하는 그릇된 생각을 버릴 것을 주장하지만, 여기서 한 걸음 더 나아가 무아에 대한 집착에서도 떠날 것을 강력히 촉구한다. 왜냐하면 비록 자아에 대한 집착에서는 떠났다고 하지만 무아라는 의식이 남아 있는 경우, 그것은 아직 모든 집착에서 완전히 벗어나지 못한 것임은 물론 이원적 분별 인식에서도 떠나지 못한 것이기 때문이다. 따라서 우리는 그 실체가 없는 허구적 개념에 불과한 자아에 대한 집착에서 벗어나야 할 뿐만 아니라, 궁극적으로는 무아라는 의식에서도 떠나야 하는 것이다.

엄밀히 말하면 자아와 무아라는 분별은 단지 중생들을 깨우치기 위해 임시방편적으로 구분해 놓은 것에 지나지 않으며, 무아라는 말조차도 사실은 언어라는 수단을 빌려 임시적으로 규정한 것일 뿐이다. 따라서 자아에 대한 집착이 하나의 그릇된 망상이라면, 자아와 대비되는 개념인 무아에 대한 집착은 또 다른 차원의 망상이고 강박 관념일 뿐이다.

『반야경』에서는 자아는 물론 무아 역시 일변(一邊)에 치우친 것이라고 말하고 있다. 즉, 자아와 무아, 유와 무, 색과 공, 번뇌와 열반, 미망과 깨달음, 중생과 부처 등은 각기 일변에 치우친 것이며, 그러한 변을 모두 떠난 곳에 진리의 실상이 드러남을 말하고 있다.[9] 이로 볼 때 자

---

9) 『세계철학대사전』, 고려출판사, 1996, 1032쪽 참고.

아와 대비되는 개념인 무아라는 말은 일변에 치우친 한계적인 개념일 뿐이며, 따라서 진리와는 여전히 거리가 먼 것임을 분명히 알 수 있다.

또한 진리는 우리의 언어와 사유를 넘어서 있어서 언어로 표현 불가능하기 때문에 무아라는 개념도 역시 진리를 온전히 나타내 주지 못하는 한계를 스스로 가지고 있는 것이다. 그래서 무아의 이법을 영원불변의 진리 그 자체로 간주하고서 거기에 집착해서는 안 된다고 말하는 것이다.

일반적인 불교인들의 관점에서 볼 때 자아라는 인식이나 관념은 그릇된 것이고 무아라는 생각이 옳은 것이라고 말할 수 있겠지만, 만일 붓다의 가르침을 통해 자아에 대한 집착에서 벗어났다고 한다면 이제 무아라는 인식에서도 떠나야 한다. 왜냐하면 비록 자아에의 집착은 떠났다고 하지만 다시금 무아라는 인식에 머무는 것은 여전히 이원적 분별과 집착에서 완전히 벗어난 것이 아니기 때문이다.

무아의 참뜻을 올바로 깨달아 아는 사람은 자아에 대한 집착(我執)이 완전히 사라지고 없을 뿐만 아니라, 더 나아가 자아와 무아라는 분별 인식에서 떠남은 물론 무아라는 의식조차 가지고 있지 않다. 따라서 이러한 경지에 대해서는 말로는 도저히 뭐라고 표현할 수 없는 것이지만, 단지 우리의 인식과 이해를 돕기 위해 그리고 사람들의 분별심에 맞춰 임시로 '무아'라고 명명한 것일 뿐이다.

불교에서는 비록 고정불변하는 실체로서의 자아가 없다는 사실을 말하기 위해 무아를 설했다지만, 이제 다시 그러한 무아에 대한 인식마저 사라지고 없다면 그때는 무엇이라고 해야 하는가? 한마디로 말해 무규정이다. 이처럼 본래 그 무엇이라고 규정할 수도 말할 수도 없는 것이지만, 인식의 방편상 그리고 교화의 방편상 억지로 '무아'라고 규정한 것이다. 무아에 대한 이러한 인식이 전제되지 않는다면 무아에 대한 올바른 이해란 있을 수 없으며, 단지 피상적이고 단편적인 무아 인식에 머물 수밖에 없다.

이와 같이 불교에서는 고정적 실체로서의 자아를 부정하고 무아를 주장하고 있지만, 그것은 단순히 자아의 반대 개념으로서 무아를 주장하고자 함이 아니다. 흔히 많은 사람들이 무아에 대해 착각하고 혼동하는 것이 바로 이 지점이다. 단순히 자아와 무아라는 분별 인식, 즉 이원적 사고를 통해서는 결코 진리의 실상에 도달할 수 없다. 만일 우리가 무아라는 말의 문자적 의미에만 집착하고 매달린다면 우리는 그 말의 참뜻을 놓치고 마는 우를 범하게 된다. 붓다는 고정불변의 자아가 있다고 하는 잘못된 견해를 버리라고 하였지, 자신이 설한 무아의 이법을 영원불변의 진리로 여기라고는 하지 않았다. 붓다는 자신의 교법들을 영원불변의 진리로 절대화하는 것을 신중하게 피하였으며, 제자들에게 자신이 설한 교법들에도 집착하지 말라고 항상 강조하였다.

III.

공(空) 사상과 본체의 허구성

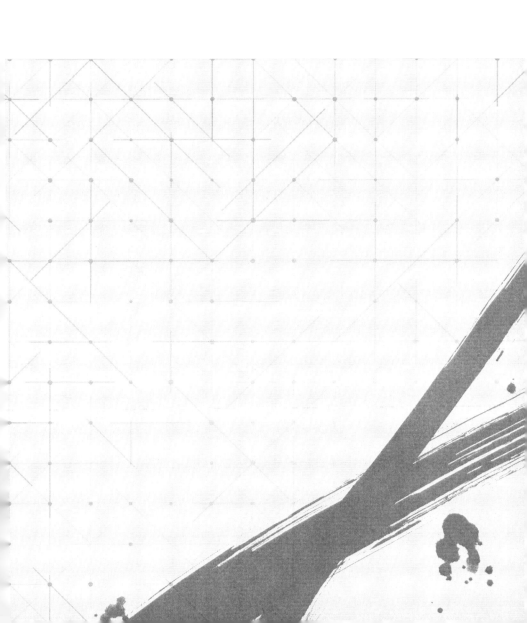

공(空) 사상은 본래 붓다의 근본이념이라 기보다는 사실상 대승불교의 중심 사상으로 자리 잡고 있는 불교의 근본 사상이다.

공이란 말은 본래 인간을 포함한 모든 만물에는 영원불변의 본체나 실체가 없다는 의미로 사용되는 말이지만, 단순히 거기에만 그치지 않고 우리의 인식과 이해의 차원을 넘어선 깊고 심오한 의미를 내포한 말이기도 하다.

흔히 세상 사람들은 불교의 공 개념을 아무것도 없다는 뜻의 무(無)와 동일한 의미로 생각하는 경향이 있다. 하지만 공은 무의 의미가 아니며, 또 허무주의나 염세적 세계관을 표방하는 것도 아니다.

붓다는 모든 삿된 견해로부터 벗어나도록 하기 위해 그리고 무명, 갈애 등 모든 번뇌를 타파하기 위해 공을 설한 것이다. 그리하여 공의 교설을 통해 모든 사견이 진멸되고 고통과 번뇌가 사라졌다면, 이제 공에 대한 집착에서도 떠나야 하는 것이다. 그럼에도 불구하고 다시 공에 집착한다면 그는 아직 공의 참뜻을 모르는 것이다.

불교의 공 사상은 공에 대한 집착마저도 단호히 거부한다. 따라서 붓다가 설한 공의 교설을 영원불변의 진리로 간주하고서 거기에 집착한다면, 그것은 오히려 공의 진의와 더욱 멀어지는 결과를 낳을 뿐이다. 공 사상은 모든 이론과 견해에서 벗어날 것을 주장하지만, 또한 동시에 공 자체에 대한 집착에서도 떠날 것을 강력히 촉구한다. 모든 개념과 이론과 견해에 대한 무집착의 정신은 불교의 핵심 개념들인 연기, 무아, 공, 중도, 열반 등에도 그대로 동일하게 적용되는 붓다의 근본 원칙이기도 하다.

붓다의 근본 가르침인 연기와 공 사상은 변화하는 세계의 근저에 놓인 영원불변의 기초나 본체를 철저히 배격한다. 그렇다고 해서 일체 모든 것은 단지 무(無)일 뿐이라고 주장하지도 않는다.

그리하여 불교의 연기와 공 사상에 의해 드러나는 모든 존재의 참 모습(實相)은 상대적인 유와 무를 넘어서 있기 때문에 고정불변하는 본체(실체)가 있다고 여기는 것도, 반대로 그야말로 아무것도 없는 공 허한 무일 뿐이라고 생각하는 것도 다 같이 그릇된 견해로서 철저히 부정되는 것이다. 그런 극단적 인식과 사고를 넘어설 때 비로소 존재 의 실상에의 접근이 가능함을 붓다는 명확히 밝혀 준다.

1. 대승불교와 공 사상

붓다의 입멸 후 불교 교단은 20여 개의 분파로 나누어져 커다란 혼란을 겪었다. 이를 부파불교라고 하는데, 각 교파에서는 붓다의 가르침을 철학적, 논리적으로 분석하고 체계화하는 데 심혈을 기울이고 각기 자신들의 주장만을 고집하면서 대립 갈등하였다.

유부를 비롯한 많은 부파에서는 일체의 존재를 5위 75법이라 하여 75개의 요소로 분류하고, 이 제각각의 요소에는 고정된 실체가 있다고 보았다. 즉, 인간의 자아는 존재하지 않지만, 그것을 구성하는 요소(法)들은 실체로서 존재한다고 하였다. 이를 '아공법유(我空法有)'라고 한다.

실체론적이고 분석적인 사고에 빠져 있는 부파불교, 특히 유부의 교설에 반대하여 붓다의 근본 교설인 연기와 무아 사상으로 되돌아가자고 부르짖는 것이 바로 대승불교이다. 부파불교의 많은 부파들에서는 존재를 구성하는 요소(법)들은 실체로서 존재한다고 하는 '아공법유'를 주장한 데 반해, 대승불교에서는 인간의 자아는 물론 존재를 구성하는 요소(법)들도 모두 연기하는 존재로서 그 실체가 없다고 하는 '아공법공(我空法空)'을 주장하였다.

이러한 공 사상은 초기 불교의 연기와 무아 사상을 바탕으로 하여 붓다 본래의 의도를 더욱 심오하고 명확하게 밝힌 대승불교의 핵심 사상이다. 특히 대승불교의 아버지, 제2의 부처라고 칭송되는 나가르주나(龍樹: 150~250년경)는 연기법을 공의 논리로 재해석하여 대승불교의 철학적 기초를 완성하였다. 후에 전개된 모든 대승불교 사상은 모두 이 공 사상을 사상적 기반으로 하여 전개된 것이다.

2. 공(空)의 의미

우리는 흔히 공(空)을 무, 공허, 텅 빈 상태 등을 의미하는 말로 사용하고 있다. 공이란 용어는 본래 산스크리트어 '수냐(sunya)'를 번역한 것으로 '부풀어 올라 속이 비어 있음'을 나타내는 말이다. 하지만 공 개념이 대승불교의 근본적인 개념으로 자리 잡게 되면서 단순히 겉으로 드러나는 뜻과는 사뭇 다른 심오한 철학적 의미를 지닌 용어로 바뀌게 된다.

대승불교에서 공이란 말은, 변화하는 사물의 배후에는 흔히 우리 인간이 궁극적인 것으로 간주하는 고정불변의 실체 또는 본체가 없다는 의미로 사용되고 있다. 즉, 이러한 본체 개념에 상응하는 대상은 실제로는 존재하지 않는다는 것이다.

우리가 몸담고 있는 이 현상 세계의 이면에는 그 기반이 되는 영원불변의 본체나 실체가 없지만, 그렇다고 해서 그야말로 아무것도 없는 무의 상태인 것도 아니다. 다시 말해 현상 세계의 이면은 유(있음) 또는 무(없음)라는 상대적인 개념 규정을 떠나 있는 상태라고 할 수 있다. 요컨대 분별을 본질로 하는 언어로는 결코 표현할 수 없는, 그 어떤 개념으로도 규정할 수 없는 상태를 나타내기 위해 임시로 '공(空)'이라고 한 것이다.

"우리가 일상적으로 '있다' 또는 '없다'고 말하는 것은 모두 상대적인 것이다. 그런 상대성을 떠난 것, 유와 무로 규정내릴 수 없는 것을 불교에서는 '공(空)'이라고 한다".[10] 이러한 공에 대해 나가르주나는 다음과 같이 밝혀 주고 있다.

> 인연에 의해 생겨난 존재를 나는 공(空)이라고 말한다. 그것은 가명
> (假名)이며, 또한 중도(中道)의 의미이다.
>
> - 『중론』 제24장

즉, 모든 존재는 인연에 의해 생겨난 것이므로 그 실체(자성)가 없어서 공한데, 그 공은 임시로 붙인 이름(가명)이며, 또한 유와 무의 양변을 떠난 것이므로 중도의 의미를 가지고 있다는 것이다.

대승불교의 중심 개념인 공은 우리의 인식과 이해의 차원을 넘어선 깊고 심오한 의미를 내포하고 있다. 대승불교의 근본 경전인 『대품반야경』과 그 주석서인 『대지도론』에는 공의 의미를 열여덟 가지(十八空)로 나누어 설명하고 있는데, 그 가운데 공공, 제일의공, 불가득공 등 몇 가지만 간략히 살펴보면 다음과 같다.

공이 내포하고 있는 가장 심오한 의미 가운데 하나로 '공공(空空)'이 있다. 이는 공도 또한 공함을 말한다. 이것은 공 개념을 실체화하는 오류를 논파하기 위한 것이다. 즉, 공의 이치를 통해 다른 모든 것들에 대한 집착에서는 벗어났다고 하더라도 다시 공이 있다고 여겨 거기에 집착하는 것은 여전히 이원적 분별 인식과 집착에서 완전히 떠난 것이 아니므로, 그 어떤 실체로서 존재하지 않는 공에 대한 집착마

---

10) 한자경, 『불교철학의 전개』, 예문서원, 2010, 88쪽.

저 떨쳐 버려야 함을 말하는 것이다.

또 '제일의공(第一義空)'이 있는데, 이는 궁극적 진리(제일의)에 해당하는 진여(眞如)나 열반이 모두 그 실체가 없어서 공하다는 의미이다. 만일 제일의인 진여나 열반이 '있다'고 말하면 그것들을 실체화하는 오류(상견)에 빠지게 되고, 반대로 그것들이 '없다'고 말하면 곧바로 단견에 떨어지게 된다. 상견과 단견은 둘 다 한쪽 극단에 치우친 그릇된 견해(邪見)들로서 진리와는 거리가 먼 것이다.

또 '불가득공(不可得空)'이 있는데, 공은 인식될 수 없다는 뜻이다. 이를 '무소득공(無所得空)'이라고도 한다. 인식론적 차원에서는 우리가 무엇을 알고 얻을 것이 있다고 말할 수 있지만, 진리 차원에서 볼 때 무엇을 알고 얻을 것이 있다는 관념조차 성립될 수 없다는 의미이다. 본래 공이나 진리(法)는 구할 수도 없고 얻을 수도 없으며, 또 깨달을 수도 없는 것이다. 다시 말해 그것들은 일상적인 사물들을 획득하는 것처럼 구할 수 있고 얻을 수 있는 어떤 것이 아니라는 말이다. 다만 우리의 인식과 이해를 돕기 위해 임시로 '진리를 얻는다'거나 '진리에 도달한다', 혹은 '진리를 깨닫는다'라고 말하는 것일 뿐이다.

여기서 공에 대한 이해를 돕기 위해 한 가지 사실을 더 보충해서 설명하면, 일체개공(一切皆空), 즉 '모든 것이 공하다'는 불교의 근본 명제에서 '모든 것'이라는 말 속에는 불교 사상의 핵심 개념들인 연기, 무아, 공, 중도, 열반 등도 모두 포함되는 것이다. 만약 그것들만은 예외여서 공하지 않다고 한다면 이 명제 자체가 성립될 수 없기 때문이다. 그래서 흔히 불교에서 궁극적인 것으로 간주되는 연기, 무아, 공, 중도, 열반, 깨달음 등이 모두 그 실체가 없어서 공하다고 말하는 것이다(여기서 다시 사족을 달면, 일체개공, 즉 '모든 것이 공하다'는 이 명제도 역시 공하므로 이 말의 참뜻을 깨달아 알았다면 이제 이 말에서도 떠나야 한다는 것이다. 그렇지 않고 끝까지 이 말에 집착하고 매달린다면, 그런 사람은 아직 이 말의 참뜻을 모르는 것이다).

공이라는 말에 담긴 이와 같은 깊고 심오한 뜻은 처음에는 쉽게 가슴에 와닿지 않을 뿐만 아니라 도대체 무슨 말인지 그 뜻을 헤아리기조차 무척 어려울 것이다. 뒤에서 다시 이에 대한 설명이 반복되어 나오므로 여기서는 상세한 설명을 생략하기로 한다.

3. 공에 대한 올바른 이해

흔히 오해되듯이 공은 허무주의적 진술과는 거리가 멀다. 이분법적 사고와 가치에 물든 시각에서 공을 보면 자칫 유의 상대 개념인 무에 집착하여 모든 것이 무라는 단견(斷見)이나 허무주의에 빠질 위험성이 있다. 그러나 이러한 입장은 불교에서 가장 경계하는 실체론적인 사고와 마찬가지로 또 다른 극단적 입장을 고수하는 생각으로서, 붓다가 추구하는 중도와도 거리가 먼 사견(邪見)일 뿐이다.

중도를 주장하는 붓다는 결코 세계를 단순한 무나 환영(幻影)으로 부정해 버리지 않는다. 흔히 불교의 핵심 사상인 무아와 공 사상이 허무주의를 주장하는 것인 양 곡해하지만, 붓다의 모든 가르침이 중도 사상에 기반을 두고 있다는 사실을 상기한다면 그와 같은 오해는 말끔히 해소될 것이다.

불교의 공 사상을 올바로 이해하지 못하면 이 세상 모든 것을 무의미하고 무가치하며 허망한 것으로 여김으로써 모든 가치 판단을 상실할 우려가 있다. 공에 대한 그와 같은 극단적인 견해는 우리를 고통과 좌절, 허무와 절망으로 이끌어 갈 뿐이다. 하지만 그러한 생각은 공 사상의 진의를 크게 오해한 것이다. 공은 무(無)의 의미가 아니며, 허무주의나 염세적 세계관을 표방하는 것도 아니다.

공을 단순한 무로 여기는 것은 공의 참뜻을 모르는 것이다. 공에 대한 그 어떤 견해와 진술도 공의 참뜻과는 거리가 멀 뿐이다. 공은 인간의 언어와 사유를 넘어서 있기 때문에 그것에 대한 어떤 견해도 타당하지 않다. 만약 우리가 공에 대해 어떤 견해를 갖는다면 그 즉시 사견(邪見)에 떨어지고 만다. 그러므로 공에 대해서는 어떤 견해도 갖지 말아야 한다.

붓다는 카시아파(迦葉)에게 이렇게 말하고 있다.

"오 카시아파여, 공(空)을 허무주의의 입장으로 보는 편견을 지니는 것보다 모든 수메루 산을 인격적인 입장으로 받아들이는 것이 보다 나을 것이다. 공 그 자체를 이론이라고 집착하며 주장하는 사람을 나는 불치의 병에 걸린 사람이라고 부른다…. 공은 독단적인 견해들과 입장들을 고치기 위한 해독제, 즉 교정 수단인데도 불구하고 만일 사람들이 그것을 그 자체로 영원한 하나의 한 입장(이론)으로 집착하여 고수한다면 그는 커다란 잘못을 저지르고 있는 것이다."[11]

나가르주나 역시 공성에 대해 다음과 같이 말하고 있다.

"여러 승자(勝者)들은 모든 견해를 여의는 것이 공성(空性)이라고 설했다. 그러나 공성에 대한 견해를 지니는 자들은 구제불능이라고 말해진다."

- 『중론』제13장

---

11) 자야데바 싱 지음, 김석진 옮김, 『용수의 마디아마카 철학』, 민족사, 1990, 98쪽.

불교의 공 사상은 공 자체에 대한 집착에서도 떠날 것을 강력히 요구한다. 그것은 오직 깨달음을 얻기 위한 근원적인 통찰로 우리를 이끌어 주는 것일 뿐이므로 공 자체를 목적으로 삼고 집착해서는 안 되는 것이다.

4. 공을 설한 목적

불교의 공 사상은 일체를 '무'로 환원시켜 버리는 허무주의나 염세적 세계관을 표방하는 것이 아니다. 또한 공을 통해 모든 것을 부정하고 해체함으로써 그야말로 아무것도 없는 황량한 허무의 공터로 우리를 인도하고자 함도 아니다.

공은 단순한 부정이 목표가 아니다. 공이 지향하는 바는 모든 집착과 번뇌를 멸한 해탈이다. 본래 붓다의 모든 가르침은 집착과 번뇌와 괴로움에 빠져 있는 중생들을 번뇌가 소멸된 열반이라는 목적지로 인도하기 위한 방편으로서 설한 것이다. 따라서 공을 설한 것도 그러한 목적에서 조금도 벗어나지 않는다.

나가르주나는 공을 설한 목적에 대해 다음과 같이 밝혀 주고 있다.

> "위대한 성인께서는 갖가지 견해에서 벗어나게 하시려고 공의 진리를 말씀하셨다. 그러나 만일 공이 있다는 견해를 다시 갖는다면 어떤 부처님도 그런 자는 교화하지 못하신다."
>
> - 『중론』 제13장

붓다는 모든 삿된 견해로부터 벗어나도록 하기 위해 그리고 무명, 갈애 등 모든 번뇌를 타파하기 위해 공을 설한 것인데, 만일 공이 '있다'는 견해를 다시 갖는다면 그런 사람은 부처님도 교화하지 못한다고 하였다. 즉, 모든 견해에 대한 집착을 끊어야 함은 물론이고 — 왜냐하면 언어로 표현된 모든 견해와 이론, 법칙들은 여전히 진리와 거리가 먼 것이기 때문이다 — 더 나아가 공에 대한 집착에서도 떠나야 한다는 것이다.

이와 같이 공을 설한 목적은 모든 견해에 대한 집착을 끊고 그것들로부터 벗어나도록 하는 데 있다. 이를테면 공은 독을 제거해 주는 해독제와 같아서, 마음속의 모든 독(邪見)을 제거하고 모든 괴로움과 번뇌와 집착을 깨끗이 씻어 준다. 해독제를 통해 몸속의 독이 제거됨으로써 건강이 회복되었다면 더 이상 해독제가 필요 없는 것처럼, 또 배나 사다리를 통해 목적지에 도달했다면 배와 사다리는 잊히는 것처럼, 공을 통해 모든 사견이 진멸되어 고(苦)와 번뇌가 사라졌다면 이제 공마저도 잊어야 하는 것이다. 그럼에도 불구하고 다시 공에 집착한다면, 그런 사람은 아직 공의 참뜻을 모르는 것이다.

일체의 집착을 끊고 모든 견해에서 떠나라는 것이 붓다의 가르침의 요지이다. 심지어 붓다는 그 자신이 설한 연기와 무아, 공, 중도 사상에도 집착하지 말라고 하였다. 왜냐하면 그것들은 모두 중생들을 교화하기 위해 언어라는 수단을 빌려 방편적으로 설한 것일 뿐이며, 그와 같이 언어로 표현된 그 어떤 개념이나 이론, 견해라고 하더라도 그것들은 모두 실상과는 거리가 먼 것일 수밖에 없기 때문이다.

불교의 공 사상은 공에 대한 집착마저도 단호히 거부한다. 공 역시도 공의 입장에서 부정하는 것이 공관(空觀)의 태도이다. 따라서 공의 교설을 영원불변의 진리라고 집착할 때, 우리는 공의 진의와 더욱 멀어지게 될 뿐이다. 공 사상은 모든 이론이나 견해에서 벗어날 것을 주장하지만, 더 나아가 공 자체에 대한 집착에서도 떠날 것을 강력히 요구한다.

5. 공성 덕분에 생멸변화하는
현상 세계의 성립이 가능하다

대승불교를 번창시킨 나가르주나는 그의 주저 『중론(中論)』에서 공사상의 이론적 근거를 명확히 제시하고 있다. 『중론』 제24장 「관사제품」에는 아래와 같은 유명한 게송이 있다.

여러 가지 인연(因緣)으로 생겨난 존재를 나는 공(空)이라고 말한다. 또한 가명(假名)이라고도 하고, 또 중도(中道)의 이치라고도 한다. 단 하나의 존재도 인과 연을 따라 생겨나지 않은 것이 없다. 그러므로 일체의 모든 존재가 공하지 않은 것이 없다.

청목(靑目)은 이 게송에 대해 다음과 같이 풀이하고 있다.

여러 가지 인연으로 생겨난 존재를 나는 공이라고 말한다. 왜 이렇게 말하는가? 여러 가지 인연이 다 갖추어져서 화합하면 비로소 사물이 생겨난다. 따라서 사물은 여러 가지 인연에 속하기 때문에 그 자성(실체)이 없고, 자성이 없으므로 공(空)하다. 그런데 이 공도 또한 다시 공한데, 단지 중생들을 인도하기 위해 임시적으로 공이라고 이름 붙인 것이며, 또한 유와 무의 양 극단을 떠난 것이기에 중도라고

부른다.[12]

나가르주나에 의하면 현상 세계의 모든 사물은 상호의존적인 연기의 관계로 이루어졌기 때문에 그것들은 모두 불변하는 성질로서 자성(自性)이 없으며 공하다는 것이다.[13] 그런데 나가르주나의 반대자는 만약 모든 것이 공하다면 인과(因果)도 없고 선악도 없게 되어 세상의 모든 법도가 무너지게 될 것이라고 반론을 제기하고 있다.

이에 대해 나가르주나는 반론자가 공의 뜻을 모르는 까닭에 그와 같은 오해를 하고 있다고 지적하고 있다. 나아가 나가르주나는 일체가 공하다면 일체 세간법이 파괴된다고 하는 반론에 대해서 오히려 연기와 공의 이치야말로 세간을 성립시키는 근본이 되고, 또 열반을 얻게 하는 참된 지혜임을 밝혀 주고 있다.

반론자의 주장처럼 일체가 공하지 않고 자성이 있다고 한다면 생멸 변화하는 현상 세계의 성립은 불가능하게 될 것이다. 일체가 자성이 있어서 고정되어 있다면 변화란 결코 있을 수 없기 때문이다. 그와는 반대로 일체가 자성이 없어서 공하기에 눈앞에 보이는 모든 현상이 벌어질 수 있는 것이다.

예를 들어 문이 열리고 닫히는 현상도 일체가 공하기에 성립될 수

---

12) 나가르주나 지음, 김성철 역주, 『중론』, 경서원, 2005, 415쪽.

13) 나가르주나는 또한 『중론』에서 치밀한 논리와 분석을 통해 원인과 결과를 실체시하는 견해를 철저히 비판하고 있다. 만일 원인과 결과가 각기 그 실체(자성)가 있다고 한다면, 원인은 결과를 낳을 수 없고, 반대로 결과는 원인에서 생겨난 것이 아닌 것이 되므로 그 둘은 아무런 관련도 맺을 수가 없다. 왜냐하면 실체란 다른 것에 의존함이 없이 독자적으로 존재하는 것이기 때문이다. 그런데 만약 원인과 결과가 서로 관련을 맺는다고 한다면, 그것은 자성을 가진 존재가 연기한다는 모순을 범하는 꼴이 된다. 그러므로 원인과 결과는 둘 다 독자적인 실체(자성)가 없으며, 그것들은 단지 우리 마음속의 관념과 개념으로서만 존재할 뿐이다.

있는 것이다. 만약 공하지 않고 자성이 있다고 한다면, 열려 있는 문은 언제나 열려 있고 닫혀 있는 문은 언제나 닫혀 있어서 변화란 있을 수 없기 때문이다.

또 고통(苦)을 예로 들어 보자. 고통은 인연으로 말미암아 생긴 것이다. 그런데 만일 고통에 자성이 있다면, 고통은 인연에 따라 생긴 현상이 아니기 때문에 어찌해도 그 고통을 없앨 수 없다. 왜냐하면 고통이 자성으로서 존재하는 것이라면 항상되어 소멸되지 않기 때문이다. 이렇게 고통이 고정불변하는 실체로서가 아니라 무상전변하는 현상으로서 현실적으로 성립해야 차례대로 고집멸도(苦集滅道)의 사성제가 성립한다. 주지하다시피 사성제의 가르침은 수행의 과정에서 윤리와 도덕을 더욱 강조하고 중시한다.

이와 같이 공성 덕분에 생멸변화하는 현상 세계 및 일체의 세간 법도가 성립할 수 있기 때문에 나가르주나는 다음과 같이 선언한다.

> 공의 이치가 있기 때문에 모든 존재가 성립할 수 있다. 만일 공의
> 이치가 없다면 어떤 존재도 성립하지 않는다.
>
> - 『중론』 제24장

공 사상에 의하면 이 세상에 불변적이고 고정적인 것은 아무것도 없다. 이처럼 일체가 공하다고 하는 공의 이치가 있기 때문에 생멸변화하는 현상 세계가 성립될 수 있음은 물론 세상의 모든 법도가 성립될 수 있는 것이다.

6. 불교의 연기와 공 사상을 통해 본 본체의 허구성

우리가 살고 있는 현상 세계의 근저에는 현상의 토대를 이루는 궁극적 실체 또는 본체가 진실로 있는 것일까? 역사적으로 볼 때 동서양의 수많은 종교와 철학 사상들에서는 우주 만물의 토대로서의 근원적 실체를 상정하여 왔고, 또 과학의 역사를 돌이켜보더라도 더 이상 분할될 수 없는 궁극적 요소로서의 기본 실체가 존재한다고 가정하고서 그러한 기본 요소를 찾기 위해 끊임없는 노력을 기울여 왔으며 지금까지도 그러한 기본적 구성체를 찾으려는 노력을 계속하고 있다.

그런데 만약 그러한 실체를 찾아 나가는 과정이 무한히 계속된다면, 다시 말해 무한 소급을 끊어 주는 궁극적 실체란 아예 처음부터 존재하는 것이 아니었다고 한다면 어떻게 되겠는가? 실체가 있다고 믿어 의심치 않는 실체론자들에게는 그러한 가정 자체가 무의미한 것이겠지만, 그들은 이 현상 세계가 존재하는 한 궁극적 실체 또한 반드시 존재할 수밖에 없다고 주장한다. 다시 말해 궁극적 실체가 없다면 이 현상 세계 역시 존재할 수 없다고 하는 것이 실체론자들이 내세우는 기본 논리이다.

그렇다면 우주 만물의 근원으로서의 궁극적 실체란 과연 실재하는 것인가, 아니면 인간의 상상력이 낳은 허구의 관념에 불과한 것인가,

그리고 불교에서는 우주 만물의 토대로서의 궁극적 실체를 상정하고 있는 실체론적 사고방식에 대해 어떻게 생각하고 있는가 하는 문제들에 대해 대략적으로 살펴보기로 한다.

1) 칸트와 물자체

플라톤이 처음 본체(noumenon)라는 말을 사용한 이래 서양의 전통 철학자들 대부분이 실체 철학에 몰두해 왔다는 것은 주지의 사실이다.[14] 그리고 그들은 만물의 근원인 본체 또는 실체를 오직 이성으로만 인식할 수 있다고 주장해 왔다.

합리론과 경험론을 비판하고 종합하여 근대 철학을 완성한 칸트 역시 실체를 부정하지 못하였지만, 전통 철학자들과 달리 그는 우리들이 궁극적 실체를 체험하는 일은 불가능하다고 하였다. 그 궁극적인 영역을 칸트는 '물자체(物自體)'라고 불렀는데, "물자체는 곧 현상이 일어나는 근거가 되는 것으로, 스스로는 현상하지 않고 감각에 의해서 감촉되는 경우에만 비로소 인식되는, '무어라 표현할 수 없는 그 무엇'"[15]이라는 것이다.

칸트는 존재의 본질로서의 물자체와 그 현상을 분리하고, 인식을 오직 이 현상에만 제한하였다. 즉, 칸트는 인식이 우리에게 주어지는 현상에 국한해서만 성립할 수 있을 뿐이고, 현상이 일어나는 근본 원인

---

14) 철학자이자 수리논리학자인 화이트헤드가 "서양 철학은 플라톤의 각주에 지나지 않는다"라고 말할 정도로 서양 철학에 있어서 플라톤의 영향은 깊고 지대한 것이었다.

15) 『세계철학대사전』, 고려출판사, 1996, 338~339쪽.

인 물자체에 관해서는 성립할 수 없다고 말한다. 그러나 물자체를 인식할 수는 없다고 하더라도 그것에 대해 생각할 수는 있다고 한다. 그런데 우리가 만약 우리의 인식의 범위를 넘어서 있는 물자체를 인식의 영역 안으로 끌어들이면 반드시 오류에 빠지게 된다고 경고하였다.

 "칸트는 이성에 한계를 명확히 긋고 철학의 과제를 현상에 국한하도록 명시하였으나 본체의 존재를 부정하지 못하였고, 또 이를 파악할 예지적 직관이 우리에게 없음을 한탄하였다".[16] 칸트의 견해에 의하면 본체에 접근하기 위해서 우리가 취할 수 있는 그 어떤 능력도 우리 안에 없다는 것이다.

 우리 인생에 하나의 비극이 있다면 그것은 거부할 수 없는 어떤 힘에 이끌려 존재의 근원에 대해 끊임없이 질문을 던지지만 스스로의 이성적 능력으로는 결코 그 답을 구할 수 없다는 데 있다. 일찍이 칸트는『순수이성비판』에서 이렇게 말했다.

 인간의 이성은 어떤 종류의 인식에 있어서는 특수한 운명을 지니고 있다. 곧 이성은 자신이 물리칠 수도 없고, 그렇다고 대답할 수도 없는 문제로 괴로워하는 운명이다. 물리칠 수 없다는 것은 그와 같은 문제가 이성 자신의 본성에 의해 떠맡겨져 있기 때문이고, 대답할 수 없다는 것은 그와 같은 문제가 인간의 이성 능력을 모조리 초월하고 있기 때문이다.[17]

16) 엄정식 편역, 『비트겐슈타인과 분석철학』, 서광사, 1990, 29쪽.
17) 임마누엘 칸트 지음, 정명오 옮김, 『순수이성비판』, 동서문화사, 2016, 13쪽.

인간의 이성은 위와 같이 스스로는 대답할 수 없는 문제를 끈질기게 던지지만, 칸트는 인간의 이성이 본체, 즉 '물자체'를 인식하지 못한다고 하여 그 한계를 명확히 밝혔다.

이와 같이 칸트에 의해 절대적인 믿음에 금이 가기 시작한 인간의 이성은 이후 괴델의 '불완전성 정리'에 의해 다시 한 번 결정적인 타격을 받음으로써 진리 인식의 유일한 수단으로서의 확고부동한 지위를 완전히 상실하게 된다.

2) 노자와 도

중국의 도가 철학에서는 우주 만물의 근원이 되는 실체를 도(道)라고 하였다. 노자가 말하는 도는, 서양 철학의 개념을 빌려 설명하면 존재하기 위해 결코 다른 것에 의존하지 않고 그 자체에만 의존하는 궁극적 실재와 유사한 것이다. "노자는 도가 우주 만물을 생성하는 원리라는 의미로 천지 만물의 어머니라 하고, 또 인간과 만물이 그곳에서 생기고 다시 그곳으로 돌아가는 구극적인 것이라는 의미로서 천지의 뿌리라고도 하였다".[18]

노자는 『도덕경』 제25장에서 도를 이렇게 설명하고 있다.

---

18) 한국철학사상연구회 지음, 『우리들의 동양철학』, 동녘, 1997, 218~219쪽. 노자는 인간과 만물이 도에서 생겨났음을 말하고 있다. "도는 일을 낳고, 일은 이를 낳으며, 이는 삼을 낳고, 삼은 만물을 낳는다(道生一, 一生二, 二生三, 三生萬物)"(『도덕경』 제42장). "천하 만물은 유에서 생겨나고, 유는 무에서 생겨난다(天下萬物生於有, 有生於無)"(『도덕경』 제40장). 여기서 노자가 말하는 무는 도와 동의어로 쓰이는 무이다.

천지를 형성하는 여러 요소들이 뒤섞인 어떤 것이 존재하였는데, 그것은 천지보다 먼저 생겨났다. 그것은 적막하고 쓸쓸하여 소리도 형체도 없지만, 그 무엇에도 의지하지 않고 홀로 서 있으면서 영원히 변함이 없다. 모든 것에 두루 행하지만 위태롭지 않으므로 가히 천지 만물의 어머니라고 할 만하다. 나는 그 이름을 알지 못하니 임시로 도(道)라고 부르고, 억지로 이름을 붙여 대(大)라고 해두자.

노자는 우주 만물의 본원을 이루는, 본래 무명(無名)인 것을 일단 이름하여 '도(道)' 혹은 '대(大)'라든가 '일(一)'이라 부르고 있다. 특히 노자는 도가 우주 만물을 생성하지만 형체도 모습도 없어 인간이 인식할 수 없고 또 언어로 표현할 수 없다는 점에서 무(無)라고도 하였다. 도가 철학에서 도(道)와 일(一), 무(無)는 흔히 같은 개념으로 쓰이고 있다.

노자는 『도덕경』 전체 내용을 집약해서 서술하고 있는 제1장에서 도에 대해 이렇게 말하고 있다.

말할 수 있는 도는 항상된 도(常道)가 아니고, 이름할 수 있는 이름은 항상된 이름(常名)이 아니다.

(道可道非常道, 名可名非常名)

노자는 말할 수 있는 도와 이름할 수 있는 이름은 참된 도나 참된 이름이 아니라 인위적이고 일시적인 도이고 일시적인 이름이라 하여 그 불변성과 항상성을 부정하였다.

여기서 노자의 유명한 명제인 '도가도비상도'라는 말은 곧 도를 그 무엇이라고 규정짓거나 정의 내린다면 그와 같이 말하여진 도는 항상 그러한 참된 도(常道)가 아니라는 뜻이다. 이와 같이 도는 결코 고정된 개념화 작업에 의해 파악될 수 없다고 하는 노자의 확고부동한 태도는 곧 언어와 논리의 세계에 대한 강한 불신을 뜻한다.

노자와 장자는 모두 도는 인식할 수도 없고 언어로 올바로 표현할 수도 없다고 본다. 또한 만물의 근원인 도는 형체도 없고 냄새도 빛깔도 없기 때문에 우리의 감각 기관과 지성적 사유로 포착할 수 없다는 측면에서 있다고 말할 수 없다. 하지만 우주 만물이 그것으로 인해 이루어지기 때문에 도는 아무것도 없는 것이라고 말할 수도 없다. 노자는 이와 같이 있다고 말할 수도, 그렇다고 없다고 말할 수도 없는 도의 특성을 '모양 없는 모양(無狀之狀)'과 '물 없는 모습(無物之象)'으로 표현한다.

『도덕경』 제14장의 노자의 말에 대한 해석에서 왕필(王弼)은 '모양 없는 모양'을 지닌 도의 특성을 다음과 같이 설명하고 있다.

> 없다고 말하려고 하니 사물이 그것으로 말미암아 이루어지고, 있다고 말하려고 하니 그 형체를 볼 수 없다. 그래서 '모양 없는 모양'과 '물(物) 없는 모습'이라고 한다.[19]

왕필에 의하면 도는 있다고 말할 수도 없고, 그렇다고 없다고 말할 수도 없다는 것이다. 왜냐하면 없다고 말하고 싶지만 인간과 만물이 그것을 근원적인 근거로 삼아 생겨나고 있기에 그 실재성을 부정할 수 없고, 또 있다고 말하고 싶지만 그것을 그 어떤 고정적 실체로 포

---

19) 왕필 지음, 임채우 옮김, 『왕필의 노자』, 예문서원, 1997, 79~80쪽 참고.

착할 수 없기에 있다고 할 수도 없기 때문이다. 비록 현상 사물들처럼 도는 형체나 모습을 찾아볼 수 없지만, 만물이 생겨나는 근원이 되므로 아주 없는 것은 아니라는 것이다. 다시 말해 도는 어떤 그 '무엇'으로 존재한다는 말이다.

그래서 "노자는 도를 형용할 때 '형상이 없는 형상'이라 하고, '홀황(惚恍)' 또는 '황홀(恍惚)'이라는 표현을 사용한다. 이는 모두 그 무엇이라고 규정할 수 없는 도를 형용한 것이다. 하지만 도는 비록 고정적인 형체가 없고 우리의 감각을 초월해 있지만 홀황한 가운데 그 실체가 존재한다고 본다".[20]

이와 같이 도가 철학에서 말하는 도는 '있다' 또는 '없다'고 하는 상대적인 규정을 떠나 있는 것이라고 하지만, 현상 세계의 모든 존재가 그곳에서 생겨나고 다시 그곳으로 돌아가는 우주 만물의 근원적 본체로서 상정되고 있는 것이다.

물론 노자의 도는 서양 철학에서 말하는 현상과 대립되는 개념인 본체 개념과는 분명한 차이가 있다. 즉, 서양 철학에서 말하는 본체란 현상 사물과 분리되어 존재하는 독립불변의 존재인 데 반해, 도는 현상계와 초절분리(超絶分離)되어 있는 것이 아니며 현상 사물들 속에 편재해 있다고 한다. 장자는 이를 가리켜 "도는 똥오줌 속에도 있다"고 표현한다.

이와 같이 도가 철학에서는 서양 철학의 본체 인식과는 달리 본체와 현상의 이분(二分)을 허용치 않았으며, 따라서 도는 변화하는 사물과 유리되어 따로 존재하는 고정불변의 독립적 실체로서 인정되지 않았다.

---

20) 한국철학사상연구회, 『우리들의 동양철학』, 동녘, 1997, 223쪽.

이렇게 볼 때 노자의 도는 서양 철학에서 말하는 본체 개념과는 뚜렷한 차이가 있음을 알 수 있다. 양자 사이에 보이는 또 다른 중요한 차이점은, 서양의 전통 철학자들은 대부분 인간의 이성으로써 본체를 인식할 수 있다고 한 데 반해, 노자는 칸트와 마찬가지로 우리의 이성적 능력으로는 우주 만물의 근원인 도를 인식할 수 없다고 한 데 있다. 그뿐만 아니라 칸트는 우리에게 본체인 물자체를 파악할 수 있는 예지적 직관이 없음을 한탄하였지만, 이와는 달리 노자는 우리들이 우주 만물의 근원적 본체인 현묘한 도를 체득할 수 있는 직관적 능력을 본유하고 있다고 보았다.

그러나 이와 같은 노자의 존재 인식은 본체 또는 실체를 단호히 배격하는 붓다와 달리 여전히 우주 만물의 근원적 실체로서의 본체 관념을 부정하는 것은 아니며, 또한 넓은 의미에서의 본체론적 사고방식의 테두리에서 벗어나는 것도 아닌 것이다.

"노자와 동시대 인물인 공자 또한 도라는 말을 즐겨 사용하였는데, 그에 따르면 도란 주로 인이라든가 예라는, 인간이 따라야만 하는 덕을 의미한다. 또 이름이란 사물의 명칭이지만, 동시에 사물을 구별하기 위한 것이다. 공자가 즐겨 사용하는 '이름을 바로 잡는다(正名)'는 것은 사물을 구별하는 것이고, 사회적·도덕적 측면에서는 소위 명분(名分)을 명확하게 하는 것, 특히 군신, 부자, 귀천 등 신분상의 차별을 확실히 하는 것을 의미한다. 노자는 이 같은 차별과 거기서 오는 도덕은 모두 인위적인 것이라 하여 그에 반대하였다. 결국 공자를 시조로 하는 유가의 도는 만물, 특히 인간과 인간 사회를 상하, 귀천, 친소 등 차별과 대립으로 파악하려 하지만 이 차별과 대립을 초월한 불변의 도, 참된 도가 존재하며 그것이 우주의 실상이라고 노자는 말하고

있다". [21]

3) 본체 또는 실체를 부정한 붓다

우주 만물이 생겨난 근원이 되는 그 무엇이 있어야 한다는 생각이 본체론적 사고의 기본 전제가 되는데, 그런 본체를 꼭 상정해야만 또는 그런 실체가 반드시 있어야만 이 우주 만물이 존재하는 근본 이유가 해명될 수 있는 것일까? 그런 생각과는 반대로 만약 본체가 없다면 이 현상 세계도 성립될 수 없는 것일까?

불교 사상에서는 이러한 우주 만물의 근원으로서의 구극적 본체나 실체를 상정하는 본체론적 사고를 철저히 배격한다. 바로 이것이 여타의 종교·철학 사상과 불교 사상을 구분 짓는 가장 큰 차이점이기도 하다.

붓다의 가르침에는 본래 실체나 본체가 없다. 불교의 근본 가르침인 연기와 공 사상은 변화하는 세계의 근저에 놓인 영원불변의 기초나

---

21) 구라하라 고레히도 지음, 김교빈 외 옮김, 『중국 고대철학의 세계』, 죽산, 1991, 130~131쪽 참고. 공자가 학문을 중시한 것은 잘 알려져 있다. 『논어』 권두의 제1장에서 공자는 이렇게 말하고 있다. "배우고 때로 익히면 또한 기쁘지 아니한가". 공자는 군자와 소인을 신분적으로 확실히 차별하고 있지만, 소인이라도 학문을 쌓으면 군자가 될 수 있다고 주장하였다.
이에 대해 노자는 유가의 학문 자체가 위선적이고 사회에 해악을 끼친다고 하여 그것을 전면 부정하였다. 그것을 노자는 "학문을 하면 (지식이) 날로 불어나고 도를 하면 날로 줄어든다. 줄이고 또 줄여 함이 없는 데 이른다. 함이 없으면 하지 못함이 없게 된다"(『도덕경』 제48장)라고 말하고 있다. 이는 분별지(分別智)를 쌓지 말고 참지식을 추구하라는 말이다. 또 선과 악에 대해서도 똑같이 "천하의 모든 사람이 (일반적으로 말하는) 선이 선인 줄 알지만, 이것은 불선일 뿐이다"(『도덕경』 제2장)라고 했듯이, 유가에서 말하는 선이 반드시 선이 아니고 악은 반드시 악이 아니라는 것이다. 그러한 고정된 지식을 주려는 학문과 지식을 부정하고 그것을 버림으로써 참 지식이 얻어진다는 것이 노자의 주장이다(앞의 책, 158~159쪽).

본질이나 실체를 부정한다. 불교에서는 불변하는 고정적 실체가 존재하지 않는다는 것을 다음과 같은 비유로써 설명한다.

> "비유하면 눈이 밝은 사람이 단단한 재목을 구하려고 날카로운 도끼를 가지고 산속으로 들어갔다가 큰 파초나무가 곧고 길게 뻗어 있는 것을 보고, 곧 그 뿌리를 베고 꼭대기를 자르고 잎사귀를 차례로 벗겨 보아도 도무지 단단한 알맹이를 찾을 수 없는 것과 같다…. 샅샅이 살피고 생각해 보고 분별해 보아도 거기에는 아무것도 없어서 건실한 것도 없고 알맹이도 없고 단단한 것도 없다. 그것은 병(病)과 같고 종기와 같으며 가시와 같고 독기와 같아서 무상(無常)하고 고(苦)이며 공(空)이고 무아(無我)이다."[22]
>
> - 『잡아함경』 제10권

자세히 관찰하고 분석해 보아도 파초나무 안에서 재목이 될 만한 단단한 것을 구할 수 없는 것처럼, 만물의 근원이 되는 고정불변의 실체란 어디에서도 찾을 수 없다는 것이다. 이처럼 존재하는 모든 것들은 무상한 것이고(諸法無常), 공한 것이다(諸法皆空).

존재의 배후에 불멸의 본체를 상정하는 본체론적 사고와는 대조적으로 불교의 연기와 공 사상에서는 자성(실체)이 없는 존재의 세계만을 이 세계의 전부로 제시한다. 이처럼 불교의 연기와 공 사상에 의하면 고정불변의 실체란 없는 것인데도 불구하고 우주 만물의 근원으로서의 구극적 실체가 있다고 하는 본체론적 사고에 깊이 빠져 있는 사

---

22) 한자경, 『불교철학의 전개』, 예문서원, 2010, 45쪽.

람들을 여전히 많이 볼 수 있다.

이와 비슷하게 현대의 많은 물리학자들도 — 비록 그들은 우주 만물의 근본 토대로서의 궁극적 실재와 같은 근원적 존재를 강력히 부정하는 입장을 취하고 있지만 — 역시 물질을 이루는 '기본적 구성체'가 있다고 굳게 믿고서 그것을 찾기 위해 끊임없는 노력을 경주해 왔는데, 불교적 관점에서 볼 때 물질의 '기본적 구성체'라는 생각은 인간의 내면 깊숙이 자리 잡고 있는 확고부동한 토대에 대한 뿌리 깊은 집착과 갈망이 낳은 관념적 사변에 불과할 뿐이다. 하지만 여전히 많은 물리학자들은 복합적인 구조를 더 단순한 구성 요소로 분해하여 설명하려는 해묵은 전통에 깊이 젖어 있어 이러한 기본적인 구성체에 대한 탐구가 아직도 변함없이 계속되고 있다.[23]

그러나 불교의 공 사상에 의하면 모든 존재가 공하여 그 실체가 없는데 어디서, 어떻게 물질을 이루는 기본적 구성체를 찾을 수 있겠는가? 불교적 시각에서 볼 때, 기본적 구성체를 찾으려는 과학자들의 노력과 희망은 마치 하늘에 떠 있는 영롱한 무지개를 잡으려는 것과 같은 허망하고 헛된 꿈이 될 뿐이다.

결국 사물을 끝없이 분할하는 작업을 통해 우리가 도달할 수 있는 최종적인 종착지란 없는 셈이다. 따라서 우리가 궁극 물질을 찾기 위해 끝없이 추구해 나가다 보면 결국에는 궁극적 실체 또는 기본적 구

---

23) 이러한 물리학 일반의 추세에 대해 양자론의 창시자 중의 한 사람으로서 '불확정성 원리'를 주장한 베르너 하이젠베르크는 물리과학 세계에 대한 깊은 통찰을 통해 다음과 같은 의미심장한 말을 남기고 있다. "실체의 점점 더 작은 단위들을 발견함으로써 우리는 실체를 이루고 있는 기본 단위 또는 더 이상 쪼갤 수 없는 단위들에 도달하는 것이 아니라, 그렇게 쪼개는 일이 더 이상 무의미해지는 지점에 도달하게 된다"(폴 데이비스 지음, 류시화 옮김, 『현대물리학이 발견한 창조주』, 정신세계사, 1989, 213쪽).

성체에 도달하는 것이 아니라 그러한 실체가 없다는 사실만을 확인하게 될 것이다.

연기론에 의하면 모든 사물은 여러 요소들이 일시적으로 결합하여 이루어진 인연화합물이기 때문에 사물들에서 궁극적 요소를 찾을 수 없는 것은 당연한 일이다. 사물이란 본래 그 자체(自體) 또는 본체 없이 여러 요소가 화합하여 이루어진 인연화합물로서 존재하는 것인데, 그러한 존재들에서 어떻게 불변의 실체를 찾을 수 있단 말인가? 따라서 물질을 무한히 분할해 나가면 최종적으로 궁극의 기본 실체에 도달하는 것이 아니다.

그렇지만 또한 그러한 기본적 구성체가 없다고 해서 '무(無)'에 도달하는 것도 아니다. 무도 역시 그 실체가 없기는 마찬가지이기 때문이다. 우리가 말하는 유와 무는 둘 다 그 실재성이 없으며, 그것들은 단지 우리의 관념 속에서만 존재하는 허구적 개념일 뿐이다.[24]

일반적으로 볼 때 이분법적 사고에 깊이 젖어 있는 사람들은 흔히

---

24) 유와 무 개념뿐만 아니라 '본체'라는 말도 역시 허구적 개념일 뿐이며, 실제에 있어서 본체란 단지 언어를 실체화한 것에 지나지 않는다. 우리가 본체라고 할 때, 그것은 본체라는 개념에 상응하는 대상이 외계에 실제로 존재한다는 것을 전제한다. 그러나 본체가 있다는 생각은 사실과 개념을 혼동한 것이다. 예를 들어 우리가 '길다' 또는 '짧다'고 할 때, 길다거나 짧다는 말에 합당한 대상은 고정된 것으로 존재하지 않는다. 그것은 언제나 다른 것에 비교해서 성립하는 개념일 뿐이기 때문이다. 다시 말해 우리가 어떤 것을 '길다'고 할 경우 그것은 항상 긴 것으로 고정되어 있지 않으며, 그것보다 짧은 것에 대비시킬 때에는 길다고 할 수 있지만, 다시 그것보다 긴 것에 대비시킬 때는 짧은 것이 되는 것이다. 이러한 사실은 결국 언어가 그것에 정확히 상응하는 대상을 가질 수 없다는 점을 말하고 있다. 즉, 경험 세계를 대상으로 하여 그것을 언어로 정의하는 일은 불가능하다.
여기에서 우리는 본체라는 개념도 다만 언어의 세계에서만 사용하는 논리이지, 현상계에 적용할 때는 성립하지 않는다는 점을 알 수 있다. 본체를 가정하여 현상을 설명하는 것은 본체의 논리와 현상의 논리를 혼동하는 데서 비롯한 것이다. 이것은 단지 본체라는 개념에서만 일어나는 문제가 아니라 사실상 우리가 사용하는 언어 일반에 모두 해당하는 문제이다(한국철학사상연구회, 『우리들의 동양철학』, 동녘, 1997, 166쪽 참고).

'유(실체)가 없다'는 말을 아무것도 없다는 뜻의 '무'와 동일시하는 경향이 있다. 그러나 연기의 논리에 의하면, 유가 없으면 그와 상대적 개념인 무도 역시 있을 수 없다는 뜻이 된다("이것이 있으므로 저것이 있고, 이것이 생하므로 저것이 생한다. 이것이 없으므로 저것이 없고, 이것이 멸하므로 저것이 멸한다"라고 하는 연기의 기본 원리를 상기해 보라). 유의 부정은 곧 무가 되는 것이 아니라 무의 부정으로 귀결되는 것이다. 왜냐하면 유와 무는 서로를 전제로 하여 성립되는 상호의존적인 개념들이기 때문이다. 바로 이것이 '이것' 아니면 '저것' 가운데 어느 한쪽을 선택할 수밖에 없는 이분법적 사고와 상대적인 양자 가운데 어느 쪽에도 치우치거나 고정됨이 없는 불교의 연기적이고 중도적인 사고의 근본적인 차이점인 것이다.

붓다는 "세간의 발생을 여실하게 바로 보면 세간이 '없다'는 견해가 있을 수 없고, 세간의 멸함을 여실하게 바로 보면 세간이 '있다'는 견해가 있을 수 없다. 이것이 바로 두 극단을 떠나 중도에서 설하는 것이다"[25]라고 하여 '있다(有)' 또는 '없다(無)'는 두 가지 견해는 모두 실상과 거리가 먼 사견(邪見)일 뿐이므로, 그런 극단에 치우친 견해를 통해서는 존재의 참모습을 바로 볼 수 없다고 하였다. 지혜로운 사람은 제법(諸法)이 생할 때는 그것을 보고 '없다'는 견해를 제거하고, 제법이 멸할 때는 그것을 보고 '있다'는 견해를 제거한다. 그럼으로써 그는 모든 존재의 실상을 여실하게 바로 볼 수 있게 되는 것이다.

이와 같이 불교의 연기와 공 사상에 의해서 드러나는 모든 존재의 참모습(실상)은 상대적인 유와 무를 넘어서 있기 때문에 고정불변하는

---

25) 『잡아함경』제12권.

실체가 있다고 여기는 것도, 반대로 그야말로 아무것도 없는 공허한 무(無)일 뿐이라고 생각하는 것도 다 같이 그릇된 망상일 뿐이다. 그러한 극단적 인식과 사고를 넘어설 때 비로소 존재의 실상에의 접근이 가능하게 된다.

변화하는 세계의 근저에 놓인 불변의 실체 또는 본체를 부정하는 것이 변함없는 불교의 기본 입장이다. 불교의 연기와 공 사상은 사실상 우주 만물의 근원으로서의 궁극적 실체라는 개념을 인정하지 않는다. 붓다의 가르침에 의하면 아트만(자아)이나 신, 영혼 등 불멸의 실체나 본체는 없다. 다시 말해 그것들은 모두 형이상학적 관념에 불과할 뿐이다.[26] 그러므로 아트만이나 신, 영혼 등 불멸의 본체를 전제로 삼는 견해는 불교의 연기 또는 공 사상과 양립하기 어렵다는 점을 분명히 인지할 필요가 있다.

---

26) 서양 철학자 가운데 서양 전통의 실체 철학에 반대했던 대표적인 사람으로는 일찍이 '인과성'에 대한 예리한 분석과 비판으로 서양 철학과 과학의 역사에 실로 엄청난 파장을 불러일으켰던 데이비드 흄(David Hume)을 꼽을 수 있다. 아리스토텔레스 때부터 서양 철학자들은 세계의 어떤 사물이건 '실체'와 '속성'이라는 범주를 통해 설명해 왔다. 가령 사과 한 개를 놓고 보더라도 그것은 특정한 모양, 색깔, 맛, 향기, 무게 등을 갖고 있다. 전통 철학자들은 이 특정한 모양, 색깔, 맛 등을 속성이라 부르고, 서로 다른 속성들을 묶어 '하나'의 사과로 만드는 동일한 것을 실체라고 불러 왔다. 이 실체는 속성들이 변하더라도 변함없이 존속하는 자기 동일적인 어떤 것이어야 한다. 그러나 문제는 속성들의 존재와 변화는 감각으로 지각할 수 있지만, 동일하게 존재한다는 그 실체 자체는 전혀 지각할 수 없다는 데 있다.

전통 철학자들은 그 동일한 실체를 오직 이성으로만 인식할 수 있다고 예부터 주장해 왔다. 그러나 우리는 사물에게서 '지각의 다발'을 경험할 뿐 형이상학자들이 주장하는 것과 같은 동일한 실체를 경험할 수 없다. 나아가 그런 실체가 없다고 주장하더라도 아무 모순도 생기지 않는다. 그렇다면 서로 다른 지각들을 하나의 사물로 묶는 것은 실체와 같은 무슨 객관적 근거가 있는 것이 아니라 단지 우리의 상상 활동일 뿐이다.

우리의 상상력은 다양한 지각들의 공존을 규칙적으로 경험하면 이 경험을 토대로 그 일련의 지각 내용들에 동일한 실체라는 가상을 부여하는 습관이 있다. 이 상상력의 습관이 바로 동일한 실체에 대한 믿음의 근거이다. 그러므로 흄의 결론에 따르면 '인과성'과 마찬가지로 '실체성'도 역시 순전히 주관적인 것인데, 인간의 상상력이 바깥 세계에 투사한 허구에 지나지 않는다(한국철학사상연구회, 『철학의 명저 20』, 새길, 1994, 117~118쪽).

IV.

중도(中道)란 무엇인가?

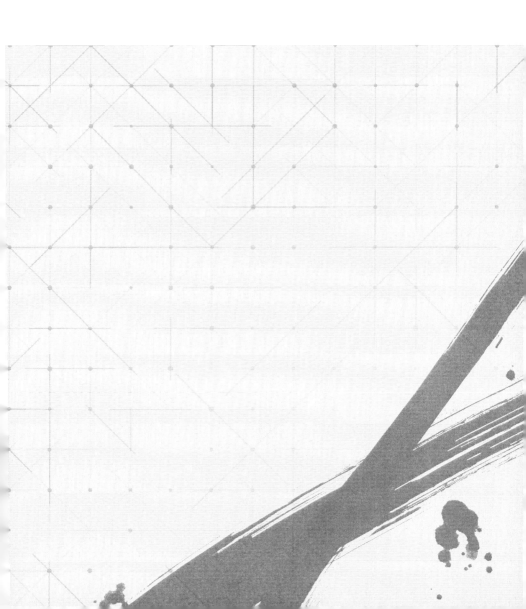

중도 사상은 불교만의 고유한 사상이라고 주장할 수 없으며, 이미 오래 전부터 동서양에 걸쳐 면면히 이어져 내려온 인류 정신사상 가장 핵심적인 위치를 차지하고 있는 사상이라고 할 수 있다. 그중에서도 가장 핵심되는 것이 바로 붓다의 중도와 공자의 중용 사상이라고 말할 수 있다.

붓다가 29세에 출가하여 6년간의 기나긴 고행 끝에 35세에 깨달음을 이룬 후 가장 먼저 설한 것도 바로 이 중도이며, 그 후로도 그는 어느 한쪽 극단에 치우치거나 고정됨이 없이 항상 중도로써 가르침을 베풀어 주었다.

여기서 중도라는 말은 언뜻 보면 가장 평범하면서도 단순한 것처럼 보인다. 그러나 중도에서의 '중(中)'은 단순히 양 끝의 한가운데가 곧 중이라는 식의 피상적인 이해와는 거리가 멀 뿐만 아니라, 더 나아가 양 극단에서는 떠났지만 다시 '중'에 집착하는 것도 또한 중도 본연의 정신과는 크게 어긋나는 것이다.

한마디로 말해 불교에서 말하는 중도는 유(존재)와 무(비존재), 선과 악, 깨끗함과 더러움, 고와 낙, 미망과 깨달음, 번뇌와 열반, 중생과 부처 등 상대적인 모든 것들에서 벗어날 뿐만 아니라, 또한 중도 자체에도 집착함이 없는 것을 말한다. 다시 말해 중도란 한쪽 극단에 치우친 모든 견해와 상대적인 입장에서 떠날 뿐만 아니라, 다시 중도에 집착하는 견해마저 버린 무소득(無所得)의 상태에 있는 것을 말한다.

우리가 중도의 참뜻을 파악하기가 지극히 어려운 근본 이유가 바로 여기에 있다. 즉, 중도란 언망여절(言亡慮絶)의 경지여서 우리의 분별적 인식 능력으로 포착할 수 없고 또 언어로 표현 불가능한 것이기 때문에 모든 사람들이 중도를 올바로 인식하고 이해하는 데 그토록 많은 어려움을 겪는 것이다.

진정한 중도 정신은 중도 그 자체에 대한 집착마저도 철저히 배격한다. 이는 중도 사상뿐 아니라 붓다의 모든 교법들이 공통적으로 담고 있는 근본 정신이기도 하다. 그러므로 우리는 한쪽 극단에 치우치고 고정된 모든 견해들로부터 벗어나야 할 뿐만 아니라, 더 나아가 중도에 대한 집착에서도 떠남으로써 비로소 모든 존재의 참모습(실상)을 여실하게 볼 수 있게 되는 것이다.

1. 붓다와 중도

1) 붓다의 성도와 중도의 가르침

붓다는 29세에 출가한 후 여러 가지 형태의 고행을 수행하였다. 6년간 가혹한 고행의 길을 걸었지만, 붓다는 그런 학대가 단지 몸을 괴롭게 하는 것일 뿐 참된 인생 문제의 해결에는 도움이 되지 않는다는 사실을 깨달았다. 그리하여 출가 전에 왕자로서 누렸던 쾌락도 출가 후의 고행도 모두 한편에 치우친 것임을 자각하고서 그런 극단적인 고행의 수행 방법을 버렸다. 마침내 35세에 깨달음을 이룬 후 보리수를 떠나 녹야원으로 가서 전에 함께 수행했던 다섯 수행자를 찾아가 탐욕과 고행의 양 극단을 모두 피하는 중도(中道)를 설하였다.

불교의 모든 이론과 실천적 수행은 이 중도 사상을 근본으로 하고 있다. 대승불교의 근본 사상인 공 사상 또한 중도 사상을 전제로 하지 않으면 무(無) 또는 허무주의로 떨어지기 쉽다. 따라서 중도의 의미를 정확히 아는 것이 곧 붓다의 가르침의 진의를 올바로 파악하는 관건이 됨을 알 수 있다.

불교의 창시자인 붓다는 그의 가르침을 중도라고 특징지어 설명하곤 했다. 붓다는 이론과 실천 모두에서 양 극단을 모두 피하는 중도적 입장을 취하였다. 먼저 실천적인 측면에 있어서 붓다는 쾌락과 고행 등 모든 형태의 극단을 피하고자 했다. 그런 극단화된 마음가짐으로는 해탈에도 이를 수 없다고 보았다.

"해탈은 욕망을 충족하는 삶을 통해서도 욕망을 철저히 배제하는 금욕적 삶을 통해서도 얻을 수 없다. 왜냐하면 삶의 행태 면에서는 쾌락을 추구하는 삶과 금욕주의적 삶이 구분되지만, 다른 한편 둘 다 극단적인 입장을 취하고 있다는 면에서는 같기 때문이다".[27] 따라서 쾌락적 삶이든 금욕적 삶이든 어느 한편에 경도된 극단화된 마음가짐과 태도를 통해서는 해탈에 이를 수 없다는 것은 분명하다.

철학적인 측면에 있어서도 붓다는 모든 것은 존재한다고 하거나, 아무것도 존재하지 않는다고 하는 등의 극단적인 모든 입장을 비판했다. 캇차야나에게 행한 붓다의 가르침(『가전연경』)에서 그의 철학적 중도의 입장을 명확히 확인할 수 있다.

> "캇차야나여, 이 세상은 흔히 '있다'거나 '없다'는 생각에 기울어져 있다. 그러나 누구나 진리와 지혜를 얻어 사물이 어떻게 이 세계에 생겨나는가를 깨달은 자, 그의 눈에는 '그것은 없다'고 할 수 있는 것은 아무것도 없다…. 캇차야나여, 누구나 진리와 지혜를 얻어 사물들이 어떻게 이 세계에서 사라지는가를 깨달은 자, 그의 눈에는 이 세계에서 '그것은 있다'고 할 수 있는 것은 아무것도 없다…. '모든 것은 있다', 이것이 하나의 극단이며, '모든 것이 없다', 이것은 또 다른 하나의 극단이다. 여래는 이 두 극단을 따르지 않고 중도에 의지해서

법을 설한다."[28]

세상 사람들은 일반적으로 '있다(有)'거나 '없다(無)'고 하는 두 가지 견해에 기울어져 있다고 붓다는 지적한다. 하지만 붓다는 그러한 두 가지 견해를 다 같이 극단적인 것이라 하여 불만족스러운 것으로 간주하였다.

붓다에 의하면 '모든 것은 있다'는 명제는 '모든 것은 없다'는 정반대의 명제와 마찬가지로 아무런 타당성을 지닐 수 없다. 붓다는 그 두 가지 견해를 모두 삿된 견해(邪見)로 간주한다. 왜냐하면 그것들은 모두 한쪽 극단에 치우친, 한계적이고 모순을 내포한 견해들이기 때문이다.

붓다에게 올바른 견해(正見)란 바로 존재(유)와 비존재(무), 생과 멸, 상과 단 등의 양 극단을 모두 피하는 중도적인 시각을 말한다. '모든 모순과 대립, 진퇴양난의 딜레마적 상황에서 벗어나는 길', 그것이 바로 중도이다. 그래서 붓다는 항상 모든 형태의 극단적인 견해들을 떠나 중도로써 가르침을 베풀었던 것이다.

2) 중도의 의미

중도라는 말은 언뜻 보면 아주 평범하고 단순한 듯이 보이지만, 한편으론 그 뜻이 너무 깊고 심오해서 쉽게 접근하기 어려운 말이기도

---

28) 라다크리슈난 지음, 이거룡 옮김, 『인도 철학사 Ⅱ』, 한길사, 1996, 165~166쪽.

하다. 우리가 중도의 의미를 정확히 파악하기가 그만큼 어렵다는 뜻이다.

일반적인 중도의 정의에 의하면 '양변을 떠난 것'이라고 간단히 진술된다. 그러나 이러한 정의는 중도에 대한 피상적인 설명에 그칠 뿐 중도의 참뜻과는 여전히 거리가 있다.

선과 악, 옳음과 그름, 있음과 없음, 괴로움과 즐거움과 같이 어느 한편으로 치우친 상대적인 견해를 양변(兩邊)이라 한다. 이러한 양변을 떠난 것을 중도라고 하지만, 그것이 곧 양 극단의 가운데를 가리키는 것은 아니다.

초기 경전인『숫타니파타』「피안중도품」에서는 중도에 대해 다음과 같이 설명한다.

양 극단에 집착하지 않고 중간에도 집착하지 않는다.

또 "대승불교의 중관파에서는 '모든 집착이나 분별의 경지를 떠난 무소득(無所得: 얻는 바가 없음. 또는 마음속에 집착함이 없음)의 상태에 있는 것을 중도라고 한다. 즉, 생(生)과 멸(滅), 단(斷)과 상(常), 일(一)과 이(異), 거(去)와 래(來) 등의 여덟 가지 잘못된 견해(八邪)를 타파하여 무소득의 바른 견해에 머무는 것을 중도라 하고, 이것을 팔불중도(八不中道)라고 한다. 여기서 팔불(八不)이란 생멸 등의 팔사(八邪)를 부정하는 불생·불멸(不生不滅), 불상·부단(不常不斷), 불일·불이(不一不異), 불거·불래(不去不來)를 가리킨다. 이러한 팔불중도의 참뜻을 깨달아 알게 되면 모든 그릇된 견해와 집착이 사라질 뿐만 아니라, 더 나아가

팔불중도라는 의식까지도 그 안에서 사라지게 된다고 한다".[29)

또한 "『반야경』에서는 이변(二邊)은 더욱 확대되어 생멸, 단상, 일이, 거래 외에 공(空)과 실(實), 상(常)과 무상(無常), 아(我)와 무아(無我), 색법(色法)과 무색법(無色法), 유위(有爲)와 무위(無爲), 유루(有漏)와 무루(無漏), 세간(世間)과 출세간(出世間), 그리고 보살, 육바라밀, 보리(菩提: 깨달음), 부처(佛)까지도 각각 1변이며, 그 변을 떠나 중도를 행하여야 한다고 하였다".[30)

이와 같이 중도란 유와 무, 생과 멸, 선과 악 등 양 극단(二邊) 가운데 어느 편에도 치우치거나 고정됨이 없는 것이지만, 또한 그러한 이변을 떠나서 중(中)에도 집착하지 않는 것을 말한다. 이를 한마디로 잘 표현해 주는 말이 바로 '이변비중(離邊非中)'이다. 이변(離邊), 즉 양 극단을 떠나다. 비중(非中), 그렇다고 가운데도 아니다.

---

29) 『불교학대사전』, 홍법원, 1996, 1457, 1617쪽. 나가르주나는 『중론』 제1장에서 연기(緣起)의 이치를 통해 드러나는 모든 존재의 참모습(실상)은 "생하는 것도 아니고 멸하는 것도 아니며(不生不滅), 항상된 것도 아니고 단절된 것도 아니며(不常不斷), 같은 것도 아니고 다른 것도 아니며(不一不異), 가는 것도 아니고 오는 것도 아니다(不去不來)"라고 하였다.
여기서 불생불멸은 생멸(生滅)의 양 극단을 부정한 것이다. 모든 존재는 인연에 의해 생겨난 것이며, 그 인연이 다하면 소멸하는 것일 뿐이다. 즉, 모든 사물은 여러 가지 인연에 의해 일시적으로 모였다가 흩어지고 나타났다가 사라지는 데 불과할 뿐 실제적인 생성과 소멸은 없는 것이다. 단지 인연의 유무에 의해 생멸이 있게 되는 것인데, 마치 실제적인 생멸이 있는 것처럼 착각하는 그릇된 생각을 바로잡아 주기 위해 먼저 생멸을 부정한 것이다. 나머지 단상, 일이, 거래 등도 모두 그 실재성이 없으며, 그것들은 단지 우리의 관념 속에서만 존재하는 허구적 개념일 뿐이다. 그래서 팔불(八不)을 말하는 것이다. 나가르주나는 이 팔불이 연기의 진정한 의미라고 선언한다. 이러한 팔불중도의 참뜻을 깨달아 알게 되면 일체의 어리석고 삿된 견해(邪見)가 없어질 뿐만 아니라, 팔불중도라는 생각까지도 그 안에서 사라지게 되는 것이다.
그런데 여기서 우리가 한 가지 주의해야 할 점이 있다. 사실 이 팔불중도라는 명제조차도 진리 자체의 표현은 아니라는 것이다. 왜냐하면 진리는 언어로 표현할 수 없기 때문이다. 그러므로 불생불멸, 불상부단, 불일불이, 불거불래의 팔불중도를 통해 나가르주나가 우리에게 전하고자 하는 진의를 올바로 깨달아 알았다면 이제 이 말에 대한 집착에서도 떠나야 하는 것이다.

30) 『세계철학대사전』, 고려출판사, 1996, 1032쪽.

흔히 사람들이 생각하는 중(中)의 의미는 '가운데'라고 하는 문자적 의미에서 크게 벗어나지 않는 것 같다. 그러나 중도에서의 중 개념은 단순히 우리가 일상적으로 생각하는 평면적이고 도식적인 의미로서의 중의 뜻이 아니다. 덮어놓고 양 끝의 한가운데가 곧 중이라는 식의 단순한 생각은 단지 중에 대한 피상적이고 단편적인 이해의 수준에 그치는 것일 뿐 여전히 중의 참뜻과는 거리가 있다.

또한 중도를 단순히 '이변을 떠난 것'이라고만 말하게 되면, 중도를 이변을 떠나 따로 존재하는 그 어떤 실체로 인식하게 되는 오류에 빠지게 된다. 이런 오류에 빠지는 것을 막기 위해 비중(非中), 즉 중도에도 집착하지 말라고 한 것이다.

이와 같이 중도는 표면적으로 '이변을 떠난 것'이라고 간단히 정의되지만, 그것은 단지 겉으로 드러나는 피상적인 중도의 의미일 뿐이다. 중도는 이변을 떠나 그 어떤 실체로서 따로 존재하는 것이 아니다. 만약 우리가 중도를 이변을 떠나 따로 존재하는 것이라고 여기고서 거기에 집착한다면, 그것은 중도에 대한 올바른 인식이라 할 수 없다. 그러한 중도 인식은 여전히 이원적 분별 인식과 집착에서 완전히 벗어나지 못한 것이기 때문이다.

엄밀히 말하면 중도에 대한 그 어떤 설명이나 규정도 중도 그 자체를 올바로 나타내 주는 것이 아니다. 그래서 중도를 언망여절(言亡慮絶)의 경지라고도 한다. 즉, 중도는 우리의 사유와 언어를 떠나 있어서 사유 작용으로 포착할 수 없고 또 언어로 표현할 수 없는 것이다.

이와 같이 중도는 본래 그 무엇이라고 말할 수도 없는 것이지만 우리의 인식과 이해를 돕기 위해 방편적으로 간단히 설명하면, 이변은 물론 중(中)에도 집착하지 않는 것, 즉 상대적인 모든 것들에서 벗어날 뿐만 아니라 다시 중도에 대한 집착에서도 떠나는 것, 이것이 바로 중도의 참뜻이라고 할 수 있다. 다시 말해 '그 무엇'에도 얽매이거나 집착하는 바가 없어야 한다는 말이다. 불교적으로 말하면 색에도 공에도, 그리고 중도 자체에도 집착하거나 얽매임이 없어야 한다.

마땅히 어디에도 머무는 바 없이 그 마음을 내라.

(應無所住而生其心)

『금강경』에 나오는 유명한 이 구절은 진정한 중도의 정신을 한마디로 적절히 묘사한 말이라고 할 수 있다. 그런데 여기서 우리가 한 가지 주의해야 할 점이 있다. 즉, 이 명구를 통해서 그것이 말하고자 하는 의미를 알았다면 다시금 이 말에서도 떠나야 한다는 것이다.

그러면 우리는 왜 이 말에도 집착해서는 안 되는 것일까? 그 이유를 불교적인 직관적 시각에서가 아닌 다른 각도에서 한번 살펴보기로 하자. 만일 우리가 이 『금강경』의 경구 내용이 의미하는 바를 명확히 깨달아 알았다면 이제 이 말에서도 떠나야 한다. 그럼에도 불구하고 여전히 거기에 머무르기를 고집한다면 그것은 이 경구가 지시하는 바를 어기는 꼴이 된다. 왜냐하면 이 구절에서 말한 대로 다른 모든 것들에 대한 집착에서는 떠났다고 하지만, 이 구절에만은 집착한다는 자가당착에 빠지는 꼴이 되기 때문이다. 따라서 그런 사람은 아직 모든 집착에서 완전히 벗어난 것이 아니다. 그러므로 『금강경』의 경구 내용을 통해 그것이 의미하는 바를 알았다면 이제 이 말에서도 떠나야 하는 것이다. 그럼으로써 비로소 그 무엇에도 얽매임이 없는 완전한 자유, 즉 해탈의 성취가 가능하게 되는 것이다.

여기서 한 가지 더 부연해서 설명할 내용이 있다. 『금강경』의 이 경구는 언어로 표현된 것이다. 그런데 모든 언어적 표현과 진술은 진리 그 자체를 올바로 나타내지 못하는 한계를 가지고 있다. 진리는 인간의 언어와 사유를 넘어서 있기 때문이다. 따라서 이 경구 내용을 불변의 진리 그 자체로 여기고 거기에 집착해서는 안 된다는 것을 알 수 있다.

이와 같은 『금강경』의 경구 내용은, 모든 견해에 대한 집착에서 벗어날 것을 가르친 붓다가 '뗏목의 비유'를 통해 궁극적으로 자신의 교법들에서도 떠나라고 한 것과 같은 맥락으로 이해할 수 있다. 붓다는 자신의 가르침을 통해 삿된 견해들을 타파함으로써 모든 집착과 번뇌에서 벗어나게 되었다면, 이제 자신의 교법들조차 잊어야 함을 천명하였다. 그런데도 붓다의 교법들을 잊어버리지 않고 다시 그것들에 집착한다면, 그것은 곧 붓다의 가르침을 정면으로 위배하는 것일 뿐만 아니라 실제에 있어서 그는 아직 붓다의 가르침의 진의를 올바로 깨닫지 못한 것이다.

중도 정신을 고스란히 담고 있는 이 『금강경』의 경구는 궁극적으로 중도 자체에 대한 집착에서도 떠나라는 의미가 담겨 있는 말이기도 하다. 그러므로 중도라는 인식에 머무는 한, 중도에 대한 집착에서 벗어나지 않는 한, 우리는 여전히 진정한 중도의 경지에 도달한 것이 아닌 것이다. 중도의 참뜻을 깨달아 아는 사람은 양변에서 떠날 뿐만 아니라 중도라는 인식마저 완전히 사라지고 없다. 그럼으로써 비로소 참된 중도의 경지에 도달한 것이라고 말할 수 있는 것이다.

참된 중도 정신은 중도 그 자체에 대한 집착마저도 단호히 거부한다. 만일 중도가 상대적인 모든 것들을 떠나 따로 있다고 여기고서 거기에 집착하거나, 혹은 중도라는 인식에 머무르기를 고집한다면, 그것은 중도 본연의 정신에 정면으로 위배되는 것이다. 그러므로 우리는 양변은 물론 중도에도 집착하지 말아야 하는 것이다.

유와 무, 생과 사, 미망과 깨달음, 번뇌와 열반 등 상대적인 모든 분별과 집착을 떠난 것을 일러 중도라고 하지만, 그러나 여기가 우리가 도달해야 할 궁극의 지점은 아니다. 우리는 아직 더 말할 것이 남아 있다. 그러한 상대적인 모든 분별과 집착에서 떠남은 물론 더 나아가 중도라는 의식마저 완전히 떨쳐 버려야 비로소 진정한 의미의 중도에 도달한 것이라고 말할 수 있다는 것이다.

이와 같이 중도는 말로 표현하기 어려운 측면이 있다. 그래서 중도에 대한 이해를 돕기 위해 다음과 같은 비유를 들기도 한다.

> 비유하면 현악기를 켤 때 줄이 너무 느슨해도 제 소리가 나지 않고 너무 팽팽해도 제 소리가 나지 않듯이 바르고 고운 소리를 내는 줄의 당김이 중도이다.

중도를 쉽게 이해시키기 위해 흔히 비유되는 내용이다. 그러나 이와 같은 비유를 통해서는 중도에 대한 어떤 암시를 얻을 수 있을지 몰라도 그것은 이미 우리에게 중도의 참뜻을 올바로 전달해 주지 못하는 한계를 그 속에 내포하고 있다. 다시 말해 그러한 비유는 우리에게 중도에 대한 부분적이고 근사적(近似的)인 이해를 줄 수 있을 뿐 직접적이고 근본적인 통찰은 주지 못한다는 것이다.

모든 비유와 언어적 설명은 단지 우리의 이해를 돕기 위한 하나의 수단이고 방편일 뿐이며, 그것들을 통해서는 결코 중도의 진의를 올바로 파악할 수 없다. 한마디로 말해 중도는 오직 스스로 체득해야만 알 수 있는 자각의 경지인 것이다.

2. 공자와 중용

붓다의 근본 사상인 중도 사상과 관련하여 한 가지 더 살펴볼 내용이 있는데, 그것은 바로 유학을 창시한 공자의 중용 사상이다. 일반인들에게는 붓다의 중도 사상보다도 오히려 공자의 중용 사상이 보다 더 널리 알려져 있는 것 같다. 또한 세상 사람들은 흔히 중도와 중용을 의미상 별다른 차이 없이 거의 같은 뜻으로 혼용해서 쓰는 정도로 인식하고 있는 것 같다.

공자의 사상을 가장 포괄적이고 체계적으로 담고 있다고 생각되는 책이 바로 『중용(中庸)』이다. 『중용』을 흔히 유교의 철학 개론서라고 일컫는데, 그것은 유교의 철학적 배경을 천명하고 있기 때문이다.

중용에서 중(中)이란 한쪽으로 치우치거나 기울어지지 않으며, 지나치거나 모자람이 없이 도리에 맞는 것을 말하며, 용(庸)이란 평상적이고 불변하는 것을 뜻한다. 정자(程子)는 중용이란 말을 정의하기를, "치우치지 않는 것을 중이라 하고, 바뀌지 않는 것을 용이라고 한다"라고 하였다.

중용은 일상적인 범위를 벗어나지 않으므로 겉으로 보기에는 아주 단순한 것처럼 보인다. 하지만 중용 사상은 가장 평범한 듯하면서도 인생의 깊은 철리(哲理)를 내포하고 있다. 어떻게 보면 유가 철학 자체가 모자라거나 지나침을 경계하는 중용 사상으로 일관되어 있다고 해도 좋을 것이다. 예를 들면 중국 고대 철학의 출발점이면서 끊임없이 동양 문화에 영향을 미쳐 온 『주역』에서도 모든 상황 변화에서 언제나 중(中)을 잡을 것 — 때에 맞추어 그에 적절한 행동을 할 것 — 을 강조하고 있다.

중용은 아주 평범한 것이다. 중용은 평범 속의 진리이기 때문에 누구나 쉽게 실천할 수 있다. 생활 속에서 중용을 실천하는 삶이란 거창한 어떤 것이 아니다. 일상생활 속에서 분수에 넘치는 욕심을 부리지 않고 자기에게 주어진 일에 최선을 다하는 것, 그 행동이 바로 중용의 실천이다. 곧 사심이나 사욕이 없는 행동, 자신을 낮추고 모든 이를 한결같이 대하는 행동이 모두 중용의 삶을 실천하는 행동들이다.

이렇듯 중용의 도는 우리의 일상적인 삶을 떠나 멀리 있는 것이 아니다.

> 도가 사람에게서 멀리 있지 않으니, 사람이 도를 하면서 사람을 멀리한다면 도라 할 수 없다.
>
> - 『중용』 제13장

중용의 도는 모든 사람이 능히 알고 행할 수 있는 것이다. 그런데도 도를 행하는 자가 그 비근(卑近)함을 싫어하여 도리어 고원(高遠)하여 행하기 어려운 일을 힘쓴다면, 그것은 도를 하는 것이 아니다. 중용 철학에 의하면 평범하고 비근한 것이 오히려 진정한 삶의 정수가 된다.

중용이란 어려운 것이 아니다. 일상생활 속에서 누구나 중용을 실천할 수 있다. 하지만 또 한편으론 중용을 실행하기가 그렇게 쉬운 것만은 아니다. 공자는 중용을 실천하기가 어려움을 다음과 같이 토로

하고 있다.

> 중용은 지극한 것이다. 사람들 가운데 (중용에) 능한 이가 적은 지
> 가 오래이다.
>
> - 『중용』 제3장

> 사람들이 모두 '나는 지혜롭다'고 말하지만, 그들은 그물과 덫과 함
> 정 속에 몰아넣어도 그것을 피할 줄 모른다. 사람들은 한결같이 '나
> 는 지혜롭다'고 말하지만, 그들은 중용을 택하여 한 달을 지켜내지
> 못한다.
>
> - 『중용』 제7장

> 천하 국가를 고르게 할 수 있고, 벼슬과 봉록을 사양할 수 있으며,
> 흰 칼날도 밟을 수 있다. 그렇더라도 중용은 능히 할 수 없다.
>
> - 『중용』 제9장

사람들이 중용을 실행하기가 어려운 것은 바로 그 지속성 때문이다. 일시적으로 중용을 행할 수 있을지 몰라도 변함없이 오랫동안 지속하기가 그만큼 어렵다는 뜻이다. 일반 사람들은 항상 물욕에 마음이 흔들리고 삿된 생각이 수시로 번갈아 일어나 중심을 잡기가 어렵다.

그런데 우리가 중용이란 말의 의미를 잘못 이해하면 커다란 오류를 범할 수도 있다. 그 대표적인 경우를 그리스의 철학자 아리스토텔레스에게서 찾아볼 수 있다.

"아리스토텔레스의 유명한 중용 사상에 의하면, 극단은 좋지 못하

며 덕은 모두 두 극단의 중간에 속한다고 하였다. 이것은 여러 가지 덕을 검토해 보면 잘 알 수 있다. 용기는 비겁함과 만용의 중용이며, 너그러움은 낭비와 인색의 중용이고, 긍지는 허영과 비굴의 중용이요, 기지(機智)는 익살과 아둔함의 중용이며, 겸손은 수줍음과 몰염치의 중용이다.

버트런드 러셀은 이러한 아리스토텔레스의 중용론이 갖는 근본적인 한계성을 신랄히 꼬집었다. 어느 날 아리스토텔레스의 학설에 추종하는 어떤 시장이 임기가 끝나 인사를 와서, '나는 시장 재임 기간 동안에 공정과 불공정의 중용의 길을 걸어왔다'라고 말했는데, 러셀이 이것을 인용하면서 아리스토텔레스식의 중용을 통렬히 논박했던 것이다".[31]

이처럼 아리스토텔레스의 중용이나 서양의 기타 중(中) 개념은 거의 직선적이고 평면적인 중간의 의미가 강하다. 그러한 중용은 동양의 중도와 중용 사상과는 그 깊이나 심오함에 있어서 비교조차 될 수 없는 것이다.

중(中)에 대하여 좀더 부연하면, 중이라고 해서 덮어놓고 중간을 뜻하는 것으로 생각하면 이는 큰 오산이다. 적당한 타협이나 절충도 중의 한 부분일 수 있으나 그것이 곧 중용이라고 해석될 수 있는 것은 아니다.

"중용은 고정돼 있는 것이 아니다. 그것은 상대와 장소와 시간과 사안 들에 따라 제각기 다르다. 심지어 극단이, 즉 전부 또는 전무가 적

---

31) 버트런드 러셀 지음, 최민홍 옮김, 『서양 철학사(상)』, 집문당, 1993, 263~264쪽 참고.

도(適度)가 되는 특수한 경우도 있을 수 있다".[32] 즉, 항상 물처럼 담백하고 무미건조한 듯하며, 양처럼 순한 삶이 곧 중용은 아니다. 때에 따라서는 천둥·번개가 쳐서 천지를 진동시키고 성난 폭풍우처럼 바다를 뒤흔드는 듯한 행동이 시의적절한 행동이 되는 경우도 있다.

이와 같이 중용 사상은 그것을 펼치면 온 우주에 가득 차고, 거두어들이면 은밀한 데 감추어져서 그 오묘함은 한이 없다고 할 수 있다.

지금까지 붓다의 중도 사상과 공자의 중용 사상에 대해 간단히 살펴보았는데, 중도와 중용의 정확한 의미를 모르는 상태에서 보면 그것들은 명칭뿐 아니라 뜻도 또한 별반 다를 게 없다고 생각할 수 있다. 실제로 그 두 개념의 뜻이 대동소이하다고 여기는 사람들이 많다. 그러나 양자 사이에는 공통되는 부분도 많지만, 또한 분명한 의미 차이가 존재함을 알 수 있다. 중도와 중용의 의미를 각기 한마디로 나타내면, 중도란 '모든 분별과 집착에서 떠난 무소득(無所得)의 상태에 있는 것'이라고 한다면, 중용은 '지나치거나 모자라지 아니하고 한쪽으로 치우치지도 아니한, 떳떳하며 변함이 없는 상태나 정도'를 말한다.

몸의 조화와 균형이 깨질 때 나타나는 것이 질병이듯이, 마음의 균형과 조화가 깨진 것이 바로 고통과 번뇌인 것이다. 그렇게 깨진 심신(心身)의 조화와 균형을 다시 되찾게 해 주는 것이 중용과 중도이며, 이를 통해 몸의 조화와 마음의 평화, 그리고 자유(해탈)를 얻게 되는 것이다. 이러한 붓다의 중도와 공자의 중용 사상은 실로 동양 정신의 근본 지주요, 핵심 정수라고 할 수 있다.

---

32) 한국철학사상연구회, 『철학의 명저 20』, 새길, 1994, 88쪽.

V.
바른 견해, 참된 깨달음

흔히 바른 견해에 도달하게 되면 모든 사물이나 현상을 편견 없이 있는 그대로 볼 수 있게 된다고 한다. 그런데 많은 사람들은 그릇된 견해(邪見)와 구분되는 바른 견해(正見)가 따로 있을 것이라고 생각하는 경향이 있다.

그러나 붓다의 가르침에 의하면 모든 그릇된 견해들을 떠나 바른 견해라고 부를 수 있는 견해란 따로 없는 것이다. 붓다 역시 모든 그릇된 견해들을 논파하기만 할 뿐 자신만의 고유한 이론이나 견해를 따로 내세우려고 하지 않았다. 왜냐하면 만일 붓다가 바른 견해라고 부를 수 있는 어떤 견해를 따로 제시해 놓았다고 한다면, 그것 역시 다른 모든 견해들과 마찬가지로 똑같이 논파되고 말 것이 분명하기 때문이다.

그렇다면 연기라든가 무아, 공, 중도, 열반 등 붓다가 설한 교법들은 주장이나 견해가 아니고 도대체 그 무엇이란 말인가 하고 반문할 수 있을 것이다. 그러나 일찍이 제자들에게 "나는 일언일구도 설한 것이 없다"라고 명확히 밝힌 데서도 알 수 있듯이, 붓다는 생전에 그 어떤 주장이나 견해도 확고하게 제시한 적이 없다. 붓다는 인간의 인식이나 언어가 안고 있는 모순성과 한계성을 철저히 자각하고 있었기 때문에 결코 자신만의 고유한 이론이나 견해를 따로 내세우려고 하지 않았던 것이다. 붓다는 단지 무명의 어둠 속을 헤매는 중생들을 교화하기 위해 언어라는 수단을 빌려 방편적으로 연기와 무아, 공, 중도, 열반 등의 교법을 설해 주었을 뿐이며, 궁극적으로는 그러한 교법들에서조차도 떠나라고 역설했던 것이다.

불교의 궁극적 목적은 해탈(열반)과 깨달음이다. 해탈이란 모든 집착과 번뇌와 괴로움에서 벗어나 완전한 자유의 상태에 있는 것을 말한다. 하지만 해탈이나 깨달음은 모두 우리의 논리적 지식의 대상이 아니므로 우리들이 그것들의 본질을 적절하게 묘사하기란 불가능하다. 그래서 해탈이나 깨달음에 대한 그 어떤 이론이나 견해라고 하더라도 그것들의 본질과는 거리가 먼 것이므로 우리는 그것들에 대한 이해와 인식을 포기하고 단념할 수밖에 없다.

그렇지만 불교에서는 우리가 열반이나 깨달음을 얻는 것이 결코 불가능한 일이라고는 말하지 않는다. 인간은 누구나 열반과 깨달음을 성취할 수 있는 무한한 능력과 잠재력을 가지고 있다고 불교는 명확히 해명해 준다.

1. 바른 견해(正見)란 어떤 것인가?

1) 바른 견해, 그릇된 견해

바른 견해(正見)란, 간단히 말하면 모든 사물이나 현상을 편견 없이 있는 그대로 보는 것을 말한다. 불교에서 말하는 정견은 팔정도(八正道)의 하나로서 사성제(四聖諦)의 이치를 알고 제법의 진상을 바르게 판단하는 견해를 말한다.

이에 반해 그릇된 견해(邪見)란, 집착과 분별망상에 사로잡혀 진리의 실상을 바로 보지 못하는 모든 생각과 견해를 지칭한다. 예를 들면 오온의 일시적 화합에 지나지 않는 자아를 영원불변한 것인 양 착각하고 집착하는 것, 그릇된 견해인 줄 모르고 그것을 바른 견해로 간주하여 거기에 집착하는 것, 또 상견이나 단견과 같이 한쪽 극단에 치우친 견해 등이 모두 여기에 속한다.

바른 견해와 그릇된 견해에 대한 구체적인 예를 우리는 칸차야나에게 행한 붓다의 가르침(『가전연경』)에서 찾아볼 수 있다.

> 언젠가 세존께서는 사밧티국의 제타 숲 아나타핀디카 사원에 머무르고 계셨다. 그때 제자들 중 칸차야나 존자가 찾아와 세존께 큰 절을 올리고 한쪽으로 물러나 앉아서 이와 같이 여쭈었다.

"세존이시여, 사람들이 '올바른 견해, 올바른 견해' 하고 말들 합니다. 도대체 무엇이 올바른 견해(正見)입니까?"

이에 세존께서 말씀하셨다.

"칸차야나여, 이 세상은 흔히 '있다'거나 '없다'는 생각에 기울어져 있다. 올바른 지혜를 가지고 세간의 발생을 있는 그대로 바로 보는 사람에게는 세간이 '없다'는 견해가 있을 수 없고, 올바른 지혜를 가지고 세간의 멸함을 있는 그대로 바로 보는 사람에게는 세간이 '있다'는 견해가 있을 수 없다.

칸차야나여, 세상은 대부분 수단과 취착과 습벽에 얽매여 있다. 그런데 그런 수단과 취착, 마음의 그런 편향과 습벽과 성향을 좇지 않는 사람, '이것이 나의 자아이다'라는 견해에 매달리거나 고집하지 않는 사람, '일어남에 따라 괴로움도 일어나고, 소멸함에 따라 괴로움도 소멸한다'고 생각하는 사람, 그런 사람은 의심하지 않으며 혼란에 빠지지 않는다. 그러므로 그의 앎은 다른 사람에게 의존하지 않는다. 바로 이것이 '올바른 견해(正見)'이다.

칸차야나여, '모든 것은 있다', 이것은 하나의 극단이다. '모든 것은 없다', 이것은 또 하나의 극단이다. 칸차야나여, 여래는 이 두 극단을 따르지 않고 중도에 의지해서 법을 설한다."[33]

칸차야나는 사람들이 말하는 '올바른 견해'란 도대체 어떤 것을 말하는 것인지 잘 모르겠다고 하면서 붓다에게 가르침을 구하였다. 붓다는 비록 그릇된 견해들을 떠나 바른 견해라고 부를 수 있는 견해가

---

33) D. J. 칼루파하나 지음, 김종욱 옮김, 『불교 철학사』, 시공사, 1996, 109쪽.

따로 없다는 사실을 잘 알고 있었지만, 다만 제자를 가르치기 위해 캇차야나의 분별심에 맞춰 방편적으로 바른 견해(正見)에 대해 설해 주었던 것이다. 그리하여 붓다의 가르침을 통해 올바른 견해에 이르게 되면 모든 그릇된 생각과 견해들은 따뜻한 햇살에 눈 녹듯 저절로 사라지게 된다(더 나아가 그 속에서 정견이라는 인식조차도 사라지게 되는 것이다). 이와 같이 그릇된 견해를 타파함으로써 바른 견해가 드러나는 것을 불교에서는 '파사현정(破邪顯正)'이라고 한다.

2) 사견(邪見)을 떠나 정견(正見)은 따로 없다

파사현정이라는 말은 '그릇된 것을 깨뜨려 없애고 바른 것을 드러낸다'는 의미이다. 즉, 불교에서 붓다의 가르침에 어긋나는 그릇되고 삿된 견해를 깨뜨리고 바른 도리를 드러낸다는 뜻으로, 붓다의 가르침을 계승하여 대승불교를 확립시킨 나가르주나도 이 파사현정을 기치로 해서 『중론』을 저술하였던 것이다.

그런데 우리가 이 파사현정이라는 말을 이해하는 데 있어서 한 가지 주의할 점이 있다. 보통의 경우 파사현정을 풀이할 때, 모든 그릇된 견해(邪見)를 논파한 뒤에 다시 바른 견해(正見)를 정립한다는 식으로 해석하기 쉽다. 그러나 이는 파사현정의 뜻을 바르게 이해하지 못한 것이다. 파사(破邪)가 그대로 현정(顯正)인 것이지, 파사 후에 현정을 설하는 것이 아니다. 즉, 모든 그릇된 견해를 깨뜨려 없애는 것이 곧 바른 견해를 드러내는 것이라는 뜻이지, 삿된 견해를 논파한 뒤에 다시 바른 견해를 새로이 내세우는 것이 아니라는 말이다.

만일 모든 사견이 사라지고 없다면 정견 또한 있을 수 없다. 왜냐하면 정견은 오직 그와 대비되는 사견이 있음으로써 성립될 수 있는 것인데, 이제 사견이 모두 사라지고 없다면 어떻게 정견이 홀로 있을 수 있겠는가? 짧은 것에 대비하기에 그 어떤 것에 대해 긴 것이라는 판단이 발생하게 되며, 대비시켰던 짧은 것이 없어지면 긴 것이라는 판단역시 무의미해진다. 사견과 정견의 관계 역시 이와 마찬가지이다. 사견이 소멸되면 그와 대비되어 성립되는 정견이라는 판단 역시 무의미해진다.

분별을 토대로 한 인식이나 판단에는 항상 논리적인 모순이 따른다. 붓다와 나가르주나는 인간의 인식이나 언어가 안고 있는 모순성과 한계성을 철저히 자각하고 있었기 때문에 결코 자신들의 고유한 견해나 주장을 내세우려고 하지 않았다. 왜냐하면 제아무리 올바른 견해와 판단이라 하더라도 언어로 표현되고 진술되는 한 그것들은 다른 모든 견해들과 마찬가지로 부분적이고 한계적이며 자기모순을 내포할 수밖에 없기 때문에 결국에는 그것들 역시 똑같이 논파되고 말기 때문이다.

분별로 인해 일어난 무명(無明)을 제거하는 파사 그대로가 현정이기 때문에 나가르주나는『중론』에서 그릇되고 삿된 모든 견해들을 철저히 논파하기만 할 뿐 정작 그 자신은 바른 견해라 할 만한 자신만의 고유한 이론이나 주장을 따로 내세우지 않는다. 만일 그러한 견해를 따로 정립해 놓는다면, 그것 역시 다른 모든 견해들과 마찬가지로 똑같은 논리에 의해 논파될 것이 자명하기 때문이다. 단지 비난과 논쟁의 대상이 되는 것이 두려워 자신의 고유한 견해를 내세우지 않은 것이 아니다.

사견을 떠나 정견은 따로 없는 것이다. 사견의 소멸 그 자체가 정견의 드러남인 것이지, 정견이라고 일컬을 수 있는 견해가 따로 있는 것이 아니다.

이와 같이 정견은 본래 그 실체가 따로 없는 것이지만, 단지 우리의 인식을 돕기 위해 임시로 정견을 설정해 놓은 것일 뿐이다. 즉, 인식론적인 차원에서는 사견과 구분되는 정견이 있다고 인정되지만, 진리 차원에서 볼 때 본래 사견과 정견이라는 구분조차 있을 수 없는 것이다. 본래 언어로 표명될 수 있는 정견이란 없는 것이지만, 단지 인식을 위한 방편상 억지로 사견과 구별되는 정견이 있다고 말하는 것일 뿐이다. 그러므로 사견을 떠나 정견이 따로 있다고 여기고서 거기에 집착해서는 안 되는 것이다.

지혜로운 사람은 사견을 떠나 정견이 따로 없다는 사실을 잘 알기에 정견이 '있다'고 해도 상견(常見)에 빠지지 않고, 반대로 정견이 '없다'고 해도 결코 단견(斷見)에 떨어지는 법이 없다. 반면에 온갖 번뇌와 분별망상에 사로잡힌 중생들은 정견이 '있다'고 하면 곧바로 상견에 떨어져 거기에 한없이 매달리게 되고, 반대로 정견이 '없다'고 하면 그 즉시 단견에 떨어짐으로써 바른 견해나 진리 따위는 본래 없는 것이라고 여기고서 온갖 세속적 쾌락과 욕망에 사로잡힌 채 끝없는 고뇌와 방황의 삶을 살아갈 뿐이다.

붓다의 가르침을 통해 모든 사견이 소멸되었다면 이제 정견에 대한 인식과 집착마저 벗어던져야 한다. 모든 사견이 진멸됨으로써 사견에서 완전히 벗어난 사람에게는 더 이상 정견이라는 인식조차 남아 있지 않다. 만약 그에게 정견이라는 인식이 조금이라도 남아 있다면, 그는 아직 이원적 분별 의식과 집착에서 벗어난 것이 아니므로 여전히 참된 정견에 도달한 것이 아니다. 사견과 정견이라는 분별 인식은 물론 정견이라는 의식조차 없을 때 비로소 진정한 의미의 정견에 도달한 것이라고 말할 수 있는 것이다.

3) 모든 이론과 견해에 대한 무집착의 태도

붓다와 불교 전통에 있어서의 개념이나 이론, 견해에 대한 무집착의 태도는 어느 한쪽에 치우치거나 고정됨이 없는 불편부당한 중도 정신에 바탕을 둔 것이다. 중도를 중시하는 붓다는 이전의 독단들을 깨부수면서도 자기 자신의 어떤 독단으로 그 자리를 대신하려고 하지 않았다.

붓다의 충실한 계승자인 나가르주나 역시 모든 이론과 견해들을 부분적이고 한계적이며 모순을 가지고 있는 것으로서 철저히 비판하고 논박하였지만, 정작 그 자신은 어떠한 견해도 갖지 않고 어떤 입장도 지니지 않았다. 왜냐하면 그들은 모든 이론과 견해들이 갖는 모순성과 한계성을 잘 알고 있었기 때문이다. 진리는 본래 언어로 표현 불가능한 것이기 때문에 제아무리 탁월하고 수승한 이론이나 견해라고 하더라도 그것들은 모두 최종적이고 완전한 것일 수 없으며, 또한 진리 그 자체를 온전히 나타내 주는 것도 아니다.

나가르주나는『중론』에서 "부처님께서는 갖가지 견해에서 벗어나게 하시려고 공을 설하셨다"라고 하면서 모든 이론과 견해에 대한 집착에서 떠날 것을 거듭 강조하였다. 나가르주나 자신도 역시 어떠한 이론도 전개시키지 않았기 때문에 그의 이론을 증명하기 위하여 어떠한 논증도 전개시킬 필요가 없었다. "그의 목적은 자신의 고유한 견해를 증명하는 것이 아니라, 다른 사람들에 의해 제시된 보다 발전되고 진보된 견해들의 그릇됨을 증명하는 것이었다. 보다 진보된 견해들을 내세운 사람들은 반드시 다른 사람들에게 그것이 옳다는 것을 증명해 보여야만 한다. 그러나 나가르주나는 그의 『회쟁론(廻諍論)』에서 자신은 보다 발전되고 진보된 견해를 가질 필요가 없기 때문에 어느 누구도 중관(中觀) 철학에서 오류를 발견할 수 없을 것이라고 분명하게 진술하고 있다".[34]

> "만일 내가 보다 발전되고 진보된 명제들을 가진다면 그대는 그것에서 오류를 발견할 수 있을 것이다. 그러나 나는 보다 진보되고 발전된 명제들을 가지고 있지 않기 때문에 그것의 잘못된 점이 일어나게 된 의문을 밝혀 보이는 사태는 발생하지 않는다."

모든 견해와 이론들은 부분적으로 진리의 내용을 함유하고 있는 듯이 보이지만, 또한 동시에 모순적이고 한계적이다. 언어로 표명된 이론이나 견해들은 모두 진리 그 자체를 온전히 나타내 주는 것이 아니며, 또한 그 속에 심각한 결함과 자기모순을 내포하고 있다. 그래서 붓다는 항상 언어로 표현된 모든 이론과 견해들에 대한 집착에서 떠날 것을 강조하였던 것이다.

---

34) 자야데바 싱 지음, 김석진 옮김, 『용수의 마디아마카 철학』, 민족사, 1990, 46쪽 참고. 위의 인용문은 저자인 자야데바 싱이 『회쟁론』 제29송을 풀이한 것이다.

2. 깨달음이란 무엇인가?

1) 불교의 최고 이상, 열반과 깨달음

불교의 궁극적 목적은 열반이다. '니르바나(열반)'라는 말은 문자적으로 소멸을 의미한다. 그러나 열반은 논리적 지식의 대상이 아니므로 우리는 그것의 본질을 적절하게 묘사할 수 없다. 그 어떤 언어적 묘사와 진술도 열반의 본질과는 거리가 멀 뿐이다.

『반야경』에서는 불교인들이 흔히 궁극적인 것으로 간주하는 보리(깨달음), 부처, 열반 등이 모두 1변(一邊)에 지나지 않으며, 그 변을 떠나 중도를 행하여야 한다고 하였다. 이와 같이 열반이나 깨달음조차 1변에 지나지 않는다면, 그보다 더 높은 어떤 것이 또 있다는 말인가? 만약 그런 의미가 아니라면 왜 깨달음의 경지에서조차 떠나라고 한 것일까?

깨달음은 불교에서 추구하는 최고의 이상이자 최종 목적지이다. 따라서 깨달음을 넘어서는 그 이상의 경지란 없는 것이다. 그렇다면 왜 그러한 깨달음에서조차도 떠나야 한다고 하는 것일까? 간단히 말해 우리가 보통 깨달음이라고 부르는 것은 단지 중생들을 교화하기 위해 방편적으로 이름 붙인 임시적인 명칭(假名)일 뿐이다. 하지만 그와 같이 언어로 규정된, 즉 미망과 대비되는 의미로서의 깨달음이라고 하는 것은 여전히 실상과 거리가 있기에 그러한 깨달음에서도 떠나라고 한 것이다.

미망과 깨달음을 두 개의 독립된 실체로 나누어 보는 생각, 즉 미망을 떠나 깨달음이 따로 있다고 여기는 분별적 사고는 깨달음의 진의를 크게 오해한 것이다. 그것들은 본래 둘로 확연히 나눌 수도 없을 뿐만 아니라, 또 미망을 떠나서 깨달음이 따로 있는 것도 아니다.

조동종의 개조인 동산 양개(洞山良价) 선사의 다음과 같은 말은 참된 깨달음이란 어떤 것인지 명확히 확인시켜 준다.

"실상(實相)은 불가사의하여 미망과 깨달음을 넘어서 있다."[35]

동산 양개 선사는 왜 실상은 미망과 깨달음을 넘어서 있다고 한 것일까? 불교에서는 일반적으로 깨달음의 경지에 도달하면 모든 존재의 참모습(실상)을 체득하여 알 수 있다고 하는데, 그는 왜 그러한 깨달음마저 넘어서야 한다고 하였을까?

한마디로 말해 미망과 깨달음, 번뇌와 열반이라는 분별은 다만 중생들을 교화하기 위한 방편으로써 임시로 구분하여 말한 것일 뿐, 실

---

35) 오경웅 지음, 서돈각·이남영 옮김, 『선학의 황금시대』, 천지, 1997, 265쪽. 나가르주나에게 있어서도 이성과 언어는 단지 상대적인 현상 세계에 적용될 뿐이다. 따라서 이성과 언어로써는 존재의 참모습(실상)을 파악할 수도 없고 또 표현할 수도 없는 것이다. 나가르주나는 『중론』 제18장에서 실상에 대해 이렇게 말하고 있다.
"모든 존재의 참모습(實相)은 사유와 언어의 영역을 넘어서 있고, 발생도 없고 소멸도 없으며, 적멸하여 열반과 같다."
요컨대 실상은 우리의 분별적 인식 작용을 통해서는 결코 파악할 수 없으며, 또 언어로 묘사할 수도 없다는 것이다. 무엇인가를 말로 표현하고 규정하고 개념화하는 인간의 모든 언어적 행위는 본래 이원적 분별의 테두리를 벗어나 있는 것을 이원적 분별의 틀 안에 가두어 버리는 꼴이 되기 때문에 언제나 본래의 모습을 크게 왜곡시키는 결과를 초래하게 된다.

상은 그리한 상대적인 모든 분별을 떠나 있다는 사실을 동산 선사는 명확히 알고 있었기 때문에 그와 같이 말한 것이다. 다시 말해 동산 선사의 이 말은 미망과 깨달음, 번뇌와 열반, 중생과 부처라는 모든 분별 의식을 벗어던져야 비로소 실상의 세계에 도달할 수 있음을 지적한 것이다.

이러한 사실을 통해 볼 때 우리들이 실상에 도달하기 위해서는 미망에서 벗어나야 할 뿐만 아니라 궁극적으로 깨달음이라는 인식에서도 떠나야 함을 알 수 있다. 만일 깨달음이라는 의식이 조금이라도 남아 있다면, 그것은 아직 이원적 분별 인식과 집착에서 완전히 벗어나지 못한 것이기 때문이다. 따라서 미망과 깨달음이라는 분별 인식은 물론 깨달음이라는 의식조차 없어야 비로소 참된 깨달음의 경지에 도달한 것이라고 말할 수 있는 것이다.

깨달음이나 열반의 경지는 본래 상대적인 언어로써는 표현 불가능한 것이다. 그래서 나가르주나는 『중론』에서 "열반은 '있다'고 해서도 '없다'고 해서도 안 된다"고 하였다. 오직 중생들을 교화하기 위해 임시로 열반은 '있다'고 말하는 것일 뿐이다. 그러나 이와 같이 열반이 '있다'고 말하는 즉시 그렇게 말한 진의를 알지 못하는 중생들은 상견에 떨어져 그것을 불변하는 실체로 여기고서 거기에 한없이 매달리게 된다. 그래서 이번에는 열반이 '없다'고 말하면, 그들은 곧바로 단견에 떨어져 열반이나 깨달음 같은 것은 본래 없는 것이라고 여기고서 온갖 탐욕과 집착과 번뇌에 사로잡힌 채 삶의 지향점을 잃고서 하나뿐인 소중한 인생을 허비하면서 제멋대로 살아간다.

이처럼 대부분의 사람들은 언제나 상견과 단견이라는 극단적 사고에서 벗어나지 못하기 때문에 오직 그들을 교화하기 위한 방편으로써 열반이 '있다'고 말하는 것이다. 그래야만 그들은 비로소 열반을 얻기 위해 노력하기 때문이다.

그러나 참된 지혜를 얻어 모든 분별과 집착을 여읜 사람에게는 열반이 '있다'고 해도 상견에 빠지지 않으며, 반대로 열반이 '없다'고 해도 단견에 떨어지는 사태는 발생하지 않는다.

이와 같이 열반은 있음(유)과 없음(무)의 양변을 떠나 있기 때문에 열반에 대해서는 '있다'거나 또는 '없다'고 하는 생각을 모두 버려야 한다. 그러한 생각은 모두 이원적 분별과 집착에서 벗어나지 못한 것이기 때문에 열반에 대한 바른 이해와는 거리가 먼 것이다. 바로 이런 이유 때문에 열반을 이해하기가 무척이나 어렵다고 하는 것이다.

나가르주나는 이러한 열반에 대해 다음과 같이 말하고 있다.

> 획득되는 것도 아니고 도달되는 것도 아니며, 단멸된 것도 아니고 상주하는 것도 아니며, 발생하는 것도 아니고 소멸하는 것도 아닌 것, 이것을 열반이라고 말한다.
>
> - 『중론』 제25장

> 열반은 생사를 떠나서 따로 존재하는 것이 아니다.
>
> - 『중론』 제16장

나가르주나의 지적과 같이 열반은 우리의 지성적 사유의 지평 너머에 있기 때문에 그것을 묘사하기 위해서는 부정적인 용어를 사용하지 않을 수 없다. 즉 열반은 존재(有)도 아니고 비존재(無)도 아니다. 이를 경전에서는 "열반은 있는 것도 아니고, 없는 것도 아니며, 있기도 하고 없기도 한 것도 아니며, 있지도 않고 없지도 않은 것도 아니다"라고 하였다. 따라서 흔히 "부처를 세상을 완전히 초월해 버린 자로 보고 열반을 사후에도 영원히 생명을 누리는 상태로 간주하거나",[36] 이와는 반대로 열반을 단순한 무(無) 혹은 완전한 소멸과 동일시하는 것은 모두 옳지 않다.

또한 열반이란 본래 구하려야 구할 수 없고 얻으려야 얻을 수 없는 것이다. 만일 우리가 일상 사물들처럼 열반을 구할 수 있고 얻을 수 있는 것이라고 한다면 그것은 이미 열반이 아닌 것이다. 그래서 불교에서는 열반을 무소득(無所得)·불가득(不可得)의 경지라고도 한다. 이처럼 열반은 일상 사물들처럼 구할 수 있거나 얻을 수 있는 성질의 것이 아니지만, 단지 우리의 이해와 인식을 돕기 위해 방편적으로 '열반을 획득한다'거나 혹은 '깨달음을 얻는다'는 식으로 표현하는 것일 뿐이다.

우리들이 열반을 지적으로 파악하려 하거나 언어로 묘사하려 할 때면 언제나 역설적 상황에 부딪치고 만다. 열반은 논리적 지식의 대상이 아니기에 우리는 그것의 본질을 적절하게 묘사할 수 없으며, 따라서 그 어떤 묘사와 진술도 열반의 본질과는 거리가 먼 것이다.

열반을 번뇌가 소멸된 상태로 이해한 초기 불교의 열반 인식과 달리 대승불교의 열반 해석은 번뇌 밖에서 열반을 찾지 않는 데 있다. 열반은 번뇌를 떠나 따로 있는 것이 아니며, 열반에 안주하여 집착하는 것도 아직 불이(不二)의 지혜를 체득한 것이 아니다. 이에 대해 나가르주나는 다음과 같이 말하고 있다.

---

36) D. J. 칼루파하나 지음, 김종욱 옮김, 『불교 철학사』, 시공사, 1996, 216쪽.

"생사윤회는 열반과 어떤 차이도 없다. 열반은 생사윤회와 어떤 차이도 없다. 열반의 한계는 생사윤회의 한계와 같다. 이 양자 사이에는 그 어떤 미세한 차이도 없다."

- 『중론』 제25장

번뇌와 열반을 대립된 개념이나 둘로 보는 것은 열반의 실체를 인정하는 오류에 빠지는 것일 뿐만 아니라 이원적 분별 인식에서도 벗어나지 못한 것이다. 번뇌와 열반은 본래 둘로 나눌 수 없는 것이지만, 오직 중생들을 교화하기 위해 방편적으로만 그와 같이 구분한 것일 뿐이다.

본래 번뇌와 열반이 둘이 아니고, 부처와 중생이 둘이 아니며, 정토(淨土)와 예토(穢土)가 둘이 아니다. 생각과 마음이 이원적이고 분별적인 사고에 빠져 있는 한 우리는 결코 궁극적인 깨달음을 얻을 수 없다.

번뇌와 열반, 미망과 깨달음이라는 이원적 분별 인식에서 벗어나지 못하거나, 또는 모든 번뇌가 소멸된 열반의 경지에 머문다는 생각은 아직 불이의 지혜를 체득한 것이 아니며, 또한 진정한 열반의 경지에 이른 것도 아니다. 번뇌와 열반이라는 분별 인식은 물론 열반이라는 의식조차 없을 때 비로소 진정한 열반의 경지에 도달한 것이라고 말할 수 있는 것이다.

그리하여 번뇌와 열반이 둘이 아니라고 하는 불이의 지혜를 통해 열반의 본질을 체득했다면, 이제 불이라는 말에서도 떠나야 한다. 그렇지 않고 이 말에 계속 집착하고 매달린다면, 그는 아직 불이의 참뜻을 모르는 것이다(불이라는 말도 역시 다른 모든 개념들과 마찬가지로 진리의 실상을 온전히 나타내 주지 못한다는 사실을 염두에 둘 필요가 있다).

깨달음 역시 미망을 떠나 따로 있는 것이 아니다. 만약 깨달음이 미망을 떠나서 결정적으로 존재하는 것이라고 한다면, 미망에 빠져 있는 중생들은 어느 누구도 깨달음에 이르지 못하게 될 것이다. 그러나 미망과 분별망상에 빠져 있는 중생들은 이러한 사실을 바로 보지 못하고 번뇌와 열반, 미망과 깨달음, 중생과 부처, 차안과 피안, 정토와 예토라는 거짓 분별, 방편적인 구분을 실제적인 구분인 양 착각하고서 거기에 한없이 매달린다.

2) 이해와 깨달음의 차이

흔히 많은 사람들이 오해하는 것 중의 하나가 이해와 깨달음의 차이에 관한 것이다. 언뜻 보면 그 두 개념은 의미상 별다른 차이가 없는 듯이 보이지만, 단순한 이해의 수준에 머무는 것과 직접적인 깨달음은 그 차원이 완전히 다른 것이다.

단순한 지적 이해의 수준에 머무는 사람은 언어와 사유의 울타리 안에 갇혀 그 속에서 한 치도 벗어나지 못할 뿐만 아니라 온갖 번뇌와 괴로움에서도 헤어나지 못한다. 그에 반해 깨달음을 성취한 해탈자는 모든 번뇌와 괴로움을 소멸하고 언어와 사유의 울타리를 흔쾌히 뛰어넘어 완전한 자유와 번뇌 없는 고요한 마음의 평화를 누린다. 그는 또한 모든 욕심이 사라지고 없기 때문에 굳이 무욕하려 하지 않아도 항상 무욕의 상태에 머문다(더 나아가 자신이 항상 무욕의 상태에 머문다고 하는 의식조차 가지고 있지 않다).

또한 이해와 추론을 통해 습득된 지식은 다른 사람에게 전할 수 있고 또 전해 받을 수도 있다. 그러나 깨달음의 경우는 그렇지 못하다. 깨달음을 통해 체득한 진리는 타인에게 전해 줄 수도 없고 또 타인에게서 전해 받을 수도 없는 것이다. 그러기에 깨달음은 순전히 자기의 몫으로 남는다. 누가 대신 해줄 수 있는 것이 아니다.

그리고 단순한 이해의 수준에서는 여전히 분별과 집착이 남아 있으며, 또한 번뇌와 괴로움에서도 벗어나지 못한다는 한계가 있다. 그러나 깨달음의 경지에서는 모든 번뇌와 괴로움이 소멸되어 사라짐은 물론 모든 분별과 집착이 완전히 사라지고 없다. 바로 이것이 단순한 이해와 깨달음의 근본적인 차이점이다.

이와 같이 깨달음의 경지는 이해의 차원을 넘어서 있기 때문에 그것에 대해 지성적으로 이해하고 납득하려는 모든 노력은 결국 실패로 끝날 수밖에 없다. 예를 들어 우리가 붓다의 여러 교설들에 대한 자구(字句) 해석에만 급급하고 그것들에 대한 단순한 이해에만 몰두한다면, 우리는 결코 붓다의 가르침의 진의를 알지 못하게 될 것이다.

3) 깨달은 자의 의식 상태

무명이 소멸됨으로써 깨달음을 성취한 사람에게는 중생과 부처, 미망과 깨달음이라는 이원적 분별 인식이 더 이상 존재하지 않을 뿐만 아니라 깨달음이라는 의식조차 남아 있지 않다. 그럼으로써 비로소 그를 진정으로 깨달음을 얻은 자, 즉 부처라고 부를 수 있는 것이다.

초기 불교에서는 깨달음을 이룬 사람을 '아라한(阿羅漢)' — 이는 붓다에 대한 호칭일 뿐만 아니라 자유를 성취한 그의 제자들에 대한 호칭이기도 하다 — 이라고도 불렀다. "초기의 설법들에서는 '아라한'이라는 용어가 성스러운 삶의 길을 걸었기에 존경할 만한 가치가 있는 사람을 가리키는 말로 사용되고 있다. 그러한 성스러운 삶의 길은 욕망과 집착을 버린 결과이다. 붓다와 그의 직제자들은 이런 도덕적인 완성을 이룬 사람들로 묘사되는데, 특히 붓다는 전대미문의 가르침이나 길의 창시자가 된 결과 완전히 깨달은 사람(正等覺者)이라고 불린다."37)

『금강경』에 나오는 다음과 같은 흥미로운 내용은 지혜의 완성 혹은 참된 깨달음이란 어떤 것인지를 잘 보여 주고 있다.

세존께서 제자인 수부티에게 물으셨다.

"수부티야, 아라한에게도 '나는 아라한과(阿羅漢果)에 도달했다'는 생각이 일어나겠는가, 어떠한가?"

수부티가 대답했다.

"진실로 그렇지 않습니다. 세존이시여, 아라한에게 '나는 아라한과에 도달했다'는 생각은 일어나지 않습니다. 왜냐하면 실로 그에게는 아라한이라고 불리는 그 어떠한 것도 없기 때문입니다. 그래서 그를 아라한이라고 부르는 것입니다. 세존이시여, 만약 아라한에게 '나는 아라한과에 도달했다'는 생각이 일어난다면, 그에게는 자아에 대한 집착(我執)이 있을 것이고, 존재자에 대한 집착, 영혼에 대한 집착, 개아에 대한 집착 등이 있을 것입니다. 그 이유는 이렇습니다. 세존이시여, 아라한이며 완전히 깨달은 자(正等覺者)이신 여래께서는 저를

37) D. J. 칼루파하나 지음, 김종욱 옮김, 『불교 철학사』, 시공사, 1996, 254~255쪽.

다툼 없음에 머무르는 자 중에서도 제일인자라고 말씀하셨습니다. 세존이시여, 저는 욕망을 버린 아라한입니다. 그러나 세존이시여, 저에게는 '나는 욕망을 버린 아라한이다'라는 생각은 일어나지 않습니다. 세존이시여, 만약 저에게 '나는 아라한과에 도달했다'는 생각이 일어났더라면, 여래께서는 저에게 '선남자인 수부티는 다툼 없음에 머무는 자 중에서도 제일인자로서 어떤 곳에도 머물지 않으며, 그래서 그를 다툼 없음에 머무는 자라고 한다'고 말씀하지는 않으셨을 것입니다."[38]

"이 구절에서 수부티는 만약 그가 아라한과라는 어떤 경지에 도달했거나 성취했다는 생각을 품었더라면, 다툼 없음에 머무는 자 중에서도 제일인자라고 여겨지지는 않았으리라고 말하고 있다. 다시 말해서 그는 아라한과라는 개념에 관한 한 어떠한 존재론적인 연루도 범하고 있지 않은 사람이다."[39]

수부티는 깨달음을 성취한 아라한에게는 자신이 아라한의 경지에 도달했다고 하는 의식조차 남아 있지 않으며, 그럼으로써 비로소 그

---

38) 앞의 책, 253~254쪽.

39) 앞의 책, 254쪽. 보살이 갖추어야 할 마음가짐에 대해 붓다가 수부티에게 설한 아래의 내용도 또한 위의 본문의 내용과 비슷한 맥락에서 이해할 수 있다. 대승불교의 이상적 인간상인 보살은 위로는 깨달음을 구하고 아래로는 중생들을 교화하기 위해(上求菩提 下化衆生) 노력하는 구도자를 말한다. 그런데 모든 것의 비실재성을 아는 보살이 어떻게 다른 사람들을 구제하기 위하여 노력할 수 있겠는가? 이렇게 묻는다면 이에 대한 대답은 『금강반야경』의 언급에서 구할 수 있을 것이다. "보살의 길에 들어선 자는 이렇게 마음먹어야 한다. '일체 중생은 나로 인하여 완전한 열반의 세계로 구제되어야 한다'. 그럼에도 불구하고 내가 이 모든 중생들을 구제하고 나면, (나로 인해) 그 어떤 존재도 구제되지 않았다. 왜냐? 수부티야, 만일 보살이 존재에 대한 어떤 개념을 지니고 있다면 그는 보살이라고 불릴 수 없기 때문이다"(라다크리슈난 지음, 이거룡 옮김, 『인도 철학사Ⅱ』, 한길사, 1996, 552쪽).

를 아라한이라고 부를 수 있다고 하였다. 수부티의 말과 같이 만약 그에게 자신이 아라한의 경지에 도달했다거나 혹은 깨달음을 성취했다고 하는 의식이 조금이라도 남아 있다면, 그는 아직 참된 깨달음의 경지에 도달한 것이 아닌 것이다. 왜냐하면 그는 아직 이원적 분별과 집착에서 완전히 벗어나지 못했기 때문이다. 그러므로 미망과 깨달음, 번뇌와 열반, 중생과 부처라는 분별 인식에서 벗어남은 물론 깨달음이라는 의식조차 사라지고 없을 때 비로소 참된 깨달음의 경지에 도달한 것이라고 말할 수 있는 것이다.

4) 연꽃의 비유

열반을 얻기 위하여 우리에게 필요한 것은 '관점의 변화'이다. 열반, 즉 진정한 자유는 고통의 일상 세계에서 도피하는 것이 아니라, 그것은 생활 세계 내에서 우리의 전 존재 방식의 근본적인 변혁을 의미한다.

우리가 열반을 성취하기를 진심으로 바란다면, 지금 이 순간 고통스러운 현실을 외면하거나 부정해서는 결코 안 된다. 그런 안일하고 나약하기 그지없는 마음가짐으로는 어느 누구도 열반에 이를 수 없다. 결과로서의 열반이 소중하고 가치 있는 것이라면, 열반에 이르기 위한 과정으로서의 현실의 삶 역시 더없이 소중하고 가치 있는 것이다. 과정이 없다면 결과 또한 없기 때문이다. 우리가 현실의 삶을 소중히 여기고 하루하루 최선의 노력을 다해야 하는 이유가 바로 여기에 있다. 삶의 과정 하나하나가 켜켜이 쌓여 마침내 결과로서의 열반이라는 결실이 맺어지는 것이다. 현실의 삶이 비록 고단하고 번뇌에 가득 찬 것이라고 하더라도 그것을 부정하거나 현실에서 도피하려는 태도는 곧 결과로서의 열반을 스스로 내팽개치는 것이나 다름없다.

현실을 부정하고 외면하는 사람에게 열반은 있을 수 없다. 이와는 반대로 현실에 집착하고 그 속에 매몰된 사람에게도 역시 열반이란 없다. 열반을 얻기를 바란다면 우선적으로 삶에 대한 마음 자세와 태도부터 근본적으로 달라져야 한다. 붓다가 해탈에 이르는 길(실천 수행의 방법)로서 팔정도를 제시하는 근본 이유가 바로 여기에 있다. 현실의 삶 속에 굳건히 서 있으면서도 그 속에 매몰되지 않고 부단히 자신의 모든 것을 변화시켜 나감으로써 마침내 열반이라는 목적지에 다다를 수 있으며 변화의 노력 없이는 어떤 것도 이루어지지 않는다.

우리는 저 유명한 '연꽃의 비유'를 통해서 각고의 노력과 정진을 통해 마침내 자유를 성취한 해탈자의 모습이 어떤 것인지를 유추해 볼 수 있을 것이다. 마치 연꽃이 진흙 구덩이 속에 그 뿌리를 굳건히 박은 채 자라나 물 위로 솟아올라 순백의 연꽃을 피우면서도 진흙에 의해 더럽혀지지 않듯이, 탐욕과 애착과 증오를 다 비워 버린 사람은 비록 이 세계에 몸담고 있을지라도 세상에 의해 더럽혀지지 않은 채로 살아나갈 수 있다. 자유를 성취한 사람은 모든 속박과 번뇌, 집착과 욕망에서 벗어나 청정함과 평안함을 이룬다.

'로마에 가면 로마법을 따라야 한다'는 격언이 있다. 다른 나라에 가면 그 나라의 문화와 예법, 생활 방식을 인정하고 존중해 주어야 한다는 뜻이다. 그렇다고 해서 무턱대고 똑같이 따라야 한다는 의미는 아니다. 이와 마찬가지로 진리를 추구하는 구도자나 심지어 해탈자라 하더라도 이 세상에 몸담고 있는 이상 세상의 법도를 인정하고 세상 사람들과 함께 더불어 살아가야 하는 것이다. 그들이 이 세상 사람들과 다른 점이 있다면 단지 욕심과 집착을 내지 않고 살아간다는 점일 것이다.

불교 철학자 칼루파하나는 자유를 성취한 사람의 신체적·심리적 상태에 대하여 다음과 같이 말하고 있다.

> "자유를 성취한 사람도 자신이 전에 가지고 있던 것과 동일한 감각 기능들을 통해서 경험해 가며, 계속해서 기분 좋은 경험과 기분 나쁜 경험, 즐거운 경험과 아픈 경험 등을 겪는다는 사실을 붓다는 분명하게 인정하고 있다. 이것은 속박에 빠진 사람의 느낌과 자유롭게 된 사람의 느낌 사이에는 아무런 질적인 차이도 없다는 것을 의미한다. 단지 주장될 수 있는 것은, 자유를 성취한 사람의 경우에는 일반적으로 감각 경험의 결과로 일어나는 탐욕과 증오와 어리석음이 존재하지 않는다는 점이다."[40]

또한 자유를 성취한 사람은 어떤 행위를 하더라도 집착 없이 행한다는 것이다. 그러면서도 자신에게 아무런 집착이 없다고 하는 그런 의식조차 가지고 있지 않다. 그는 모든 집착과 탐욕과 번뇌를 소멸시켜 버렸기에 그에게는 더 이상 그것들이 일어나지 않는다. 이것이 바로 속박과 집착에 빠져 있는 일반 사람들과 깨달음을 이룬 해탈자의 커다란 차이점이다. 온갖 번뇌와 집착, 탐욕, 차별 의식으로 가득 차 있는 일반인들과 달리 자유를 성취한 해탈자에게는 모든 집착과 번뇌

---

40) D. J. 칼루파하나 지음, 김종욱 옮김, 『불교 철학사』, 시공사, 1996, 165쪽.

와 탐욕이 사라지고 없음은 물론 더 나아가 무욕, 무집착, 무분별이라는 의식조차 남아 있지 않다.

사람의 마음은 길들여지지 않은 야생마와 같다. 분명 자기의 마음인데도 자기 마음대로 어찌해 볼 도리가 없다는 말이다. 누구나 경험하는 사실이지만 제멋대로 날뛰는 야생마와 같은 마음을 통제하고 조절하고 제어하기란 실로 불가능에 가깝다. 잠시 평온한 마음의 상태를 유지하는가 싶다가도 시시때때로 일어나는 온갖 잡념과 탐욕과 삿된 생각을 끊어 버리기가 그만큼 어렵다는 얘기다.

그러나 연꽃의 비유에서 알 수 있듯이 자유를 성취한 해탈자는 언제나 고요한 마음의 평화를 누리기에 마음에서 욕심과 집착, 삿된 생각이 조금도 일어나지 않는다. 만약 그런 마음이 일어나더라도 자기 스스로의 마음을 통제하고 조절할 수 있는 능력을 획득한 사람이라면 능히 자기 자신을 제어하고 조절할 수 있을 것이다. 그러나 그런 사람은 아직 진정한 무욕·무집착의 경지에 도달한 것이 아니다. 그와 같이 인위적인 노력에 의해 이루어지는 무욕과 평정심은 여전히 진정한 의미의 무욕이라고 말할 수 없다. 애써 노력하지 않아도 저절로 무욕이 이루어져야 비로소 진정한 무욕의 경지에 도달한 것이라고 할 수 있는 것이다.

보통 사람들도 일상생활 속에서 진리와 하나 되는 순간을 경험할 수 있다. 그 순간만큼은 일반인과 해탈자 사이에는 아무런 차이가 없다. 다만 어느 한 순간에 불과한 것인가 아니면 항상 그러한가 하는, 지속의 정도에 차이가 있을 뿐이다. 유가에서 성인으로 받들어지는 공자조차도 중용을 오래 지속하기가 지극히 어려움을 밝히지 않았던가. 모든 집착과 욕심을 비워 버리고 언제나 고요한 마음의 평화를 누릴 뿐만 아니라, 일상생활 속에서 '지금 이 순간', '지금 여기에서' 항상 최선의 삶, 진실된 삶을 실현시켜 나가는 해탈자의 삶은 진정으로 우리 모두가 바라 마지않는 삶의 최고 이상인 것이다.

5) 우리에게 진정한 자유란 가능한 것인가?

속박의 부재, 이것이 자유의 정의이다. 그러나 우리가 일상적으로 말하는 자유, 즉 속박과 대비되는 의미로서의 자유 개념은 여전히 진정한 의미의 자유와는 거리가 있다.

우리가 생각하기에 모든 개념들은 각기 나름의 독자적인 규정과 정의를 가지고 있는 것 같지만 사실은 그렇지 않다는 것이다. 불교의 연기 사상에서는 모든 존재의 독립적 실재성을 부정하기에 그 어떤 사물이나 사태라 하더라도 그것들에 대해 그 어떤 독자적인 규정도 불허한다. 예를 들어 나무막대가 있다고 할 때, 그 막대의 길이에 대해 '길다'거나 '짧다'고 말할 수 없다. 그것보다 더 긴 막대에 대비시킬 경우 그것은 짧은 것이 되고, 그것보다 더 짧은 막대에 대비시킬 경우 그것은 긴 것이 된다. 길다거나 짧다는 규정은 반드시 다른 것과 대비된 후에야 가능한 것이다. 따라서 그 막대 자체의 길이에 대해서는 무규정이다.

또 나에게 어떤 하나의 호칭이 부여되는 것은 나와 특정한 관계에 있는 상대방이 존재하기 때문이다. 나는 자식에 대해서는 부모가 되고, 아내에 대해서는 남편이 되며, 부모님에 대해서는 자식이 되고, 학생에 대해서는 선생님이 되는 것이다.

또 다른 예로 "국어사전에서 '마음'이라는 말을 찾아보자. 사전에는 마음을 '사람의 몸에 깃들여서 지식, 감정, 의지 등의 정신활동을 하는 것'이라고 정의되어 있다. 하지만 이것은 결국 마음이라는 말을 다른 말들로 대체한 것일 뿐이다. 마음을 이해하기 위해서는 사람, 몸, 지식, 감정, 의지, 정신활동 등의 말들을 '이미 알고 있어야' 한다. 사전에서 어느 단어를 찾아보아도 말들이 서로 돌고 돌 뿐 그 자체로 정의되지 않는다."[41]

이와 같이 모든 개념들은 고유의 독립적인 규정을 갖지 못하고 항상 다른 것과의 관련을 통해서 자기 자신이 규정될 수 있는 것이다. 자유 개념 역시 마찬가지이다. 다른 개념들과 마찬가지로 자유라는 개념도 적극적으로 자신만의 독자적인 규정을 갖지 못하며, 따라서 고유의 독립성을 결여하고 있다. 이는 자유 본래의 의미와도 배치되는 것이다. 그러므로 '속박의 부재'라고 정의되는 자유 관념은 여전히 한계적이며,[42] 진정한 의미의 자유일 수 없다.

엄밀히 말해 자유란 본래 규정할 수 없는 것이다. 만일 자유에 대해 그 무엇이라고 규정하거나 정의 내린다면, 그와 같이 언어로 규정된 자유 관념은 이미 자유 본래의 뜻과는 거리가 먼 것이다. 따라서 자유에 대한 모든 규정이나 설명은 단지 우리의 이해와 인식을 돕기 위

---

41) 남경태, 『현대 철학은 진리를 어떻게 정의하는가』, 두산동아, 1997. 47쪽.
42) 자유는 간단히 속박의 부재라고 정의되지만, 그렇다고 해서 속박을 떠나 따로 있는 것도 아니다. 만약 자유가 속박을 떠나 따로 있는 것이라고 생각한다면, 그러한 자유 관념은 자유의 실체를 인정하는 오류에 빠지는 것이 된다. 만일 자유가 그 자성(실체)이 있다고 한다면, 번뇌와 속박에 사로잡혀 있는 중생들은 어느 누구도 해탈(자유)에 이르지 못하게 될 것이다. 그러나 공사상에 의하면 다른 모든 개념들과 마찬가지로 자유 개념 역시 그 고정적 실체가 없는 것이기 때문에 모든 중생들은 번뇌와 속박에서 벗어나 해탈(자유)을 성취하는 것이 비로소 가능하게 된다.

해 임시방편적으로 나타낸 것에 지나지 않는다는 사실을 분명히 알아야 한다.

이와 같이 자유란 결코 언어로 표현할 수도 없고 또 뭐라고 규정할 수도 없어서 접근하기조차 어렵지만, 자유 개념에 대한 이해를 돕기 위해 불교적인 시각에서 바라보는 진정한 자유란 어떤 것인지에 대해 한번 살펴보기로 한다.

불교적인 관점에서 볼 때 진정한 자유, 즉 해탈의 경지에 도달한 사람은 모든 속박과 집착에서 벗어나 그 무엇에도, 심지어 자유 그 자체에도 집착하거나 머무는 바가 없다. 즉, 완전한 자유인은 모든 속박과 집착이 사라지고 없을 뿐 아니라 자유라는 인식조차 가지고 있지 않은 사람이다. 그러므로 완전한 자유를 성취한 해탈자는 재물, 명예, 권력, 쾌락 등 모든 세속적 욕망과 자아에 대한 집착(我執)에서 벗어남은 물론 더 나아가 자유(해탈)라는 관념에도 안주하거나 머무름이 없다.

우리가 만약 모든 속박과 집착에서 벗어났다면, 이제 다시 자유라는 의식에서도 떠나야 한다. 그렇지 않고 자유라는 의식에 머무르기를 고집한다면, 그것은 아직 완전한 자유의 경지에 도달한 것이 아니다. 완전한 자유의 성취는 모든 속박과 집착에서 벗어남은 물론 자유라는 인식조차 없을 때 비로소 가능할 수 있는 것이다. 우리에게 자유라는 인식이 조금이라도 남아 있는 한 우리는 아직 이원적 분별과 집착에서 완전히 떠난 것이 아니다. 우리가 인식하고 있는 자유란 기껏해야 상대적인 차원에서 말하는 제한적 의미의 자유일 뿐이다. 따라서 속박과 자유라는 분별 의식에서 벗어남은 물론 자유라는 인식마저 훌훌 벗어던져야 비로소 진정한 자유의 경지에 이른 것이라고 말할 수 있는 것이다.

진정한 의미의 자유(해탈)란 본래 인식할 수 없고 또 언어로 표현할 수도 없다. 만일 우리의 지성적 인식 능력으로 포착할 수 있는 것이라고 한다면, 그것은 이미 자유가 아닌 것이다. 만일 자유라는 것이 우리의 인식이라는 그물에 포착될 수 있는 것이라고 한다면, 그와 같이 포착된 자유는 마치 그물에 걸린 물고기처럼 자유 본래의 의미를 상실한 것이 아니고 무엇이겠는가? 그러므로 우리의 인식의 그물에 포착된 자유는 더 이상 자유 그 자체가 아닌 것이다. 다시 말해 자유가 아닌 다른 어떤 것을 붙잡고서는 그것을 자유라고 착각하는 것일 뿐이다.

이와 같이 자유는 우리의 인식 능력으로는 결코 포착할 수 없는 것이다. 그래서 불교에서는 열반이나 해탈(자유)을 얻을 수 없고 또 포착할 수 없다는 의미에서 무소득(無所得), 불가득(不可得)의 경지라고도 한다.

그렇다면 진정한 자유란 우리 인간의 능력으로는 영원히 성취할 수 없는 것인가? 그 무엇에도 얽매임이 없는 완전한 자유인이 되는 것은 불가능한 일인가? 그렇지 않다. 우리 인간은 모두 진리를 깨달을 수 있고, 또 자유를 성취한 해탈자가 될 수 있다. 다만 일상 사물을 획득하는 것처럼 자유를 얻을 수 있는 것이 아니기 때문에 해탈(자유)을 무소득, 불가득의 경지라고 말하는 것이다. 그렇다고 해서 이 말이 곧 자유의 성취가 불가능하다는 의미는 결코 아니다.

붓다는 인간이면 누구나 해탈, 즉 완전한 자유의 성취가 가능하다고 선언한다. 비록 우리 일상적 인간은 온갖 탐욕과 집착과 번뇌에 빠져 고해(苦海)를 헤매고 있지만, 다른 한편으로 인간은 누구나 모든 속박과 집착에서 흔쾌히 벗어나 해탈을 이룰 수 있는 무한한 잠재력과

가능성을 지닌 존재임을 불교는 명확히 해명해 준다.[43]

또 한편으로는 이렇게 생각해 볼 수도 있다. 불교의 연기법에 의하면 이 세상에 홀로 독립적으로 존재하는 것은 아무것도 없으며, 모든 존재는 서로 의존하고 상호작용하면서 영향을 주고받는다. 이런 연기론적 관점에서 본다면 진정한 의미의 자유란 애초부터 불가능한 것이 아니겠는가? 그 어떤 존재도 다른 것과의 관련을 떠나 홀로 독자적으로 존재할 수 없기 때문이다. 우리가 경험하고 있는 바와 같이 존재하는 모든 것은 어느 정도의 독자성을 유지하면서도 끊임없이 상호작용하면서 서로 간에 영향을 주고받는다. 이런 관점에서 볼 때 완전한 자유란 전혀 불가능한 것처럼 보이는 것도 사실이다.

그러나 우리의 인식적 측면에서 볼 때, 그 무엇에도 얽매임과 집착함이 없다면 그런 사람은 인식적 자유를 획득한 것으로 볼 수 있지 않겠는가? 즉, 인식론적 측면에서 볼 때 그는 모든 집착과 번뇌와 욕망으로부터 벗어났기에 분명히 자유롭다고 말할 수 있다.

육체를 가지고 살아 숨 쉬는 이상 우리는 서로가 서로에게 꽉 물려 있는 우주적 관계망에서 벗어날 도리가 없다. 그러나 진흙 속에 굳건히 뿌리박고 있지만 물 위로 솟아올라 순백의 연꽃을 피울 수 있는 것처럼, 비록 우리의 몸은 땅 위에 발 딛고 서 있을 수밖에 없지만 마음은 모든 세속적 욕망과 집착과 번뇌에서 벗어나 그 무엇에도 얽매

---

43) 비록 현실적 인간은 온갖 번뇌와 고통의 심연에 빠져 있는 무명(無明)의 존재이지만, 또한 깨달음의 존재로 전환될 수 있는 무한 능력자가 곧 인간임을 불교는 명확히 해명해 준다. 인간은 무명을 가지고 있지만, 동시에 무명을 멸할 수 있는 능력도 함께 가지고 있다. 그러므로 중생과 부처는 본래 둘이 아니며, 그 관계는 물과 얼음과도 같아 물을 떠나서 얼음이 있을 수 없는 것처럼 중생을 떠나 부처가 따로 있을 수 없는 것이다. 그렇지만 허망분별과 번뇌에 사로잡혀 있는 중생들은 이러한 사실을 바로 보지 못하고 밖에서 부처를 구한다.

임이 없는 완전한 자유를 성취할 수 있는 것이다.

하지만 해탈자는 단순히 그러한 '인식적 자유'의 상태에 머무는 것만 도 아니다. 즉, 해탈의 경지에서는 모든 속박과 집착이 사라지고 없을 뿐만 아니라 자유라는 인식조차 완전히 사라지고 없기 때문에 단순히 '인식적 자유'의 상태에 머문다고도 말할 수 없다. 결국 완전한 자유를 성취한 해탈자에 대해서는 그 어떤 설명이나 규정도 불허한다.

이와 같이 자유에 대한 그 어떤 설명이나 진술이라 하더라도 자유 그 자체를 올바로 나타내 주는 것은 아니다. 왜냐하면 진정한 의미의 자유는 우리의 사유 능력으로 파악할 수 없고 또 언어로 표현할 수 없기 때문이다. 이처럼 자유에 대한 모든 개념적 설명이나 인식은 언 제나 부분적이고 한계적일 수밖에 없기에 우리는 결국 자유를 인식하 거나 설명하려는 모든 시도와 노력을 포기하고 단념할 수밖에 없다.

진정한 중도 정신은 중도에 대한 집착마저 단호히 거부하듯이, 진정 한 자유의 정신은 자유 그 자체에 대한 인식과 이해조차 철저히 배격 한다.

자유에 대한 모든 견해로부터 떠나라! 이는 완전한 자유, 곧 해탈의 전제 조건이기도 하다. 자유(해탈)는 우리의 언어와 사유를 떠나 있기 때문에 자유에 대한 그 어떤 이론이나 견해라고 하더라도 자유 그 자 체를 온전히 나타내 주는 것은 아니다. 그러므로 우리가 만약 자유에 대한 어떤 관념이나 생각을 갖게 되면 반드시 그것들에 얽매이고 집 착하게 됨으로써 스스로 속박의 굴레에 갇히게 된다.

그런데 여기서 우리가 집착하지 말아야 할 것은 단지 자유에 대한 이론이나 견해들만이 아니다. 더 나아가 붓다가 설한 모든 교법들에 도 집착하지 말아야 한다. 붓다의 가르침의 진의를 올바로 깨달아 아

는 사람은 붓다의 근본 교설인 연기, 무아, 공, 중도, 열반(자유) 등에
도 집착함이 없는데, 하물며 그 밖의 다른 이론이나 견해엔들 집착함
이 있겠는가?

6) 어떻게 해야 열반(자유)에 이를 수 있는가?

우리는 어떻게 하면 모든 속박과 괴로움과 번뇌에서 벗어나 열반(자
유)의 경지에 이를 수 있겠는가? 또 열반이나 깨달음을 성취하기 위해
서 우리는 어떤 마음가짐을 가져야 하는 걸까? 이러한 물음에 대해
우리가 나아가야 할 올바른 방향과 궁극적인 지향점을 제시해 주는
구절을 『반야심경』에서 찾아볼 수 있다.

"불교의 『반야심경』에 보면 '진공(眞空)은 더럽지도 않고 깨끗하지도
않다(不垢不淨)'라는 구절이 있다. 이 말은 진공 그 자체는 더러움과 깨
끗함을 본원적으로 떠나 있다는 것을 뜻하지만, 이것이 더러움을 깨
끗하게 만드는 수행 과정을 부정하는 말로 오인해서는 안 된다. 더러
운 것은 물론 깨끗하게 만들어야 하지만, 궁극적으로는 깨끗하다고
생각하는 그 정위(淨位)의 의식마저 부정해 버리지 않으면"[44] 모든 분
별과 집착을 여읜 진정한 자유, 즉 해탈은 없다는 것이다.

더러운 것을 깨끗하게 만들면 그것으로 끝난 일일 텐데 왜 또다시
그 깨끗하다는 의식마저 벗어던지라고 한 것일까? 그 근본 이유는 정
(淨)에 머무는 것은 아직 이원적 분별과 집착에서 떠나지 못한 것이기

---

44) 김용옥, 『동양학 어떻게 할 것인가』, 통나무, 1992, 94쪽.

때문이다. 깨끗하다는 개념 자체가 이미 더럽다는 개념을 전제로 하여 성립되는 것이므로 깨끗함에 머문다는 의식은 여전히 이원적 분별 의식과 집착에서 완전히 벗어나지 못한 것이다. 그러므로 깨끗함과 더러움이라는 분별 의식은 물론, 깨끗하다고 하는 생각, 즉 정위의 의식마저 초탈해 버리지 않으면 진정한 자유(열반)에 이를 수 없다는 것이다.

위의 내용에 대한 이해를 돕기 위해 중국에서 선종을 뿌리내린 육조 혜능과 관련된 유명한 일화를 살펴보기로 한다.

어느 날 제5대 조사인 홍인은 법통(法統)을 전승시킬 때가 임박했음을 알고 법을 전수할 제자를 찾기 위해 모든 문인(門人)들에게 게송을 하나씩 지어 오라고 명하였다. 모든 제자들은 자신들 가운데 가장 뛰어난 신수가 법통을 이을 것을 아무도 의심하지 않았다.

사려 깊고 겸손한 신수는 법통을 계승하려는 욕심에서라기보다는 스승의 분부를 따르는 뜻에서 다음과 같은 게송을 지어 복도의 벽에 붙여 두었다.

몸은 보리수요(身是菩提樹)

마음은 맑은 거울과 같으니(心如明鏡臺)

부지런히 털고 닦아(時時勤拂拭)

먼지 묻지 않도록 하라(勿使惹塵埃)

- 『육조단경』

5조 홍인이 이 게송을 보고는 아직 문턱밖에 이르지 못한 사람의 의식이 담겨 있을 뿐이라고 평하였다. 물론 홍인은 수행 과정에 있는 일반 제자들과 관련해서는 신수의 게송이 매우 유용하다는 점을 기꺼이 용인하려고 하였지만, 사실 그 게송에는 깨달은 자의 통찰적 지혜가 아니라 단지 일반 수행자들보다 한 발 앞선 사람의 단순한 이해가 반영되어 있을 뿐이었다.

혜능은 제대로 교육을 받지 못해 글을 읽거나 쓸 줄도 몰랐다고 한다. 그러나 누군가 그에게 신수의 게송을 읽어 주자, 그는 다른 사람에게 부탁하여 신수의 게송 옆에 다음과 같은 게송을 써 놓았다.

> 보리에 본래 나무 없고(菩提本無樹)
> 거울 또한 틀이 아니네(明鏡亦非臺)
> 본래 한 물건도 없거늘(本來無一物)
> 어디에 먼지가 끼겠는가(何處惹塵埃)
>
> - 『육조단경』

사람들이 이 게송을 보고는 모두 깜짝 놀랐다. 이 게송을 본 홍인은 깊은 밤중에 몰래 혜능을 처소로 불러 그에게 여섯 번째 조사임을 증명하는 의발을 건네주고 그를 떠나보냈다.

왜 홍인은 모두가 인정하는 수제자인 신수가 아니라 글도 제대로 모르는 혜능에게 법을 전해 주었을까? 단도직입적으로 말하면, 신수는 단순히 더러움이 없는 불구(不垢)의 경지, 즉 정위(淨位)의 의식 수준에 머물렀던 반면에, 혜능은 깨끗함과 더러움이라는 분별 인식에서 떠남은 물론 깨끗함에 머문다는 정위의 의식에서조차 벗어난 경지로 나아갔던 것이다.

혜능은 『육조단경』에서 '불사선 불사악(不思善 不思惡)'이라 하여 "선도 생각하지 말고 악도 생각하지 말라"고 하였는데, 이 말도 역시 위의

『반야심경』의 내용과 같은 맥락으로 이해할 수 있다. 연기법에 의하면 즐거움이라는 생각은 반드시 괴로움을 수반할 수밖에 없고, 선이라는 생각은 반드시 악을 수반할 수밖에 없다. 즉, 즐거움은 반드시 괴로움을 함께 수반해서 발생하는 것이기 때문에 즐거움에 머문다는 생각은 여전히 괴로움에서 벗어난 것이 아니다.

유학의 사서삼경 가운데 하나인 『대학(大學)』 첫머리에는 이런 구절이 나온다.

> 대학의 도는 밝은 덕(明德)을 밝히는 데 있으며, 백성을 새롭게 하는 데 있으며, 지극한 선(至善)에 머무르는 데 있다.
>
> (大學之道, 在明明德, 在親民, 在止於至善)

불교적 관점에서 볼 때 유학의 이러한 이상은 홍인의 제자인 신수가 추구했던 이상과 조금도 다를 바가 없는 것이다. 지극한 선에 머문다는 생각은 여전히 이원적 분별심과 집착에서 완전히 벗어난 것이 아니기 때문이다. 실상에 이르기 위해서는 선과 악의 분별은 물론이고 지극한 선에 머문다는 생각조차 떨쳐 버려야 한다(그렇다고 해서 선과 악의 구분을 무시하고 제멋대로 행하여도 좋다는 의미는 아니다). 모든 악을 제거하여 지극한 선에 머문다고 생각하는 사람은 다시금 악의 구렁텅이로 떨어질 수도 있기 때문이다. 얻을 수 있는 것은 반드시 잃을 수도 있는 것이다. 머무름 역시 항상되지 않고 반드시 떠남이 뒤따른다. 항상된 머무름(常住)이란 없다. 그러므로 머무름이 영원히 지속된다는 생각을 버려야 한다.

낙에 머무름 역시 항상된 것이 아니다. 반드시 낙을 떠나 다시 고로 떨어질 수밖에 없다. 그러므로 우리는 선과 악, 고와 낙, 깨끗함과 더러움 등 상대적인 모든 분별과 집착에서 떠남으로써 비로소 진정한 자유, 즉 열반의 경지에 도달할 수 있는 것이다.

7) 무욕·무집착·무분별

우리가 진리를 얻기 위해서는 그리고 진정한 자유(열반)의 경지에 도달하기 위해서는 무엇보다 먼저 욕심을 버릴 것이 요구된다. 하지만 욕심을 버리고 집착에서 벗어나는 일은 누구나 쉽게 행할 수 있는 것이 아니다. 모든 욕심과 집착을 내려놓는 것은 곧 지금까지 자신을 지탱해 오던 삶의 모든 기반이 한순간에 허물어져 내리는 것과 같은 깊은 좌절감과 상실감을 초래할 수 있으며, 또 한평생 공들여 쌓아온 모든 지식과 견해들에서 떠난다고 할 때 우리는 가까운 혈육이나 재산을 잃고서 느끼는 것보다 더 큰 두려움과 불안감을 느낄 수도 있다.

욕심(탐욕)은 보통 사람들의 삶을 지탱하는 삶의 원동력이자 뿌리 깊은 토대이다. 그러기에 일체의 욕심을 내려놓는 순간 그들은 즉시 삶의 의욕과 희망을 상실해 버리고 무기력과 좌절, 의욕 상실과 우울증에 빠져들고 만다. 그래서 욕심을 버리기가 죽기보다 더 어렵다고 하는 것이다.

그러나 자아에 대한 집착과 소유욕에 사로잡혀 있는 한 우리에게 해탈, 즉 온갖 질곡과 속박으로부터의 진정한 해방이란 있을 수 없다. 에리히 프롬은 단순히 물건들뿐만 아니라 지식조차도 자신의 소유물로 여기거나 거기에 매달려서는 안 되며, 그러한 소유 양식을 극복하는 것이 진정한 삶을 위한 조건이라고 말하고 있다.

우리는 지식이라는 것을 우리에게 안전감을 주고 일치감을 부여하는 하나의 소유물로 보아서는 안 된다는 것이다. 즉, 우리는 우리의 지식으로 가득 채워지거나 또는 지식에 매달리거나 지식을 갈구해서도 안 된다는 말이다. 지식은 하나의 도그마 같은 성질을 띠어서는 안 된다. 그것은 우리를 노예로 만들어 버리기 때문이다. 이 모든 것은 소유 양식에 속한다…. 이러한 소유 양식을 뚫고 나오는 것이 모든 진정한 활동을 위한 조건이다.[45]

"그러나 대다수의 사람들은 자신들의 소유 지향을 포기한다는 것이 너무나 어렵다는 사실을 발견한다. 소유 지향을 포기하려는 시도는 심한 걱정을 불러일으킨다. 모든 안전을 포기하는 듯한 느낌이 들며, 헤엄도 칠 줄 모르는 자신을 망망대해에 던져 버린 듯한 느낌이 드는 것이다. 자신이 혼자 힘으로는 걸을 수 없으리라는 환상, 자신이 갖고 있는 물건들에 의해 지탱받지 않으면 맥없이 주저앉고 말 것이라는 환상 때문에 사람들은 소유 지향을 포기하는 것을 주저한다".[46]

사람들은 보통 온갖 탐욕과 소유욕을 제거하기 위해서는 끊임없는 노력과 인내심과 자제력이 필요하다고 생각한다. 그러나 무욕의 경지는 그러한 인위적인 노력을 통해서는 결코 이루어질 수 없다는 데 근본적인 어려움이 있다.

---

45) 에리히 프롬 지음, 박병덕 옮김, 『소유냐 존재냐』, 학원사, 1989, 87~88, 91쪽.
46) 앞의 책, 117쪽.

인위적인 노력을 통해서 끊임없이 자기 자신을 통제하고 제어하고 조절함으로써 이루어지는 무욕은 사실상 진정한 의미의 무욕이라고 할 수 없다. 진정한 무욕이란 인위적인 함이 없이 저절로 이루어져야 하는 것일 뿐만 아니라, 더 나아가 무욕이라는 인식조차 완전히 사라지고 없다는 것이다. 그러므로 만약 애써 노력해서 무욕을 성취한다거나 또는 무욕이라는 의식이 조금이라도 남아 있다면 그것은 아직 참된 무욕의 경지에 도달한 것이 아니다. 무욕의 경지는 작위적인 노력을 통해서 도달할 수 있는 것이 아니기 때문이다. 그렇다고 해서 아무 노력도 하지 말라는 뜻은 아니다. 노력이 없다면 성취할 결과도 없다.

　아직 무욕의 경지에 도달하지 못한 사람은 부지런히 자신을 갈고닦는 수밖에 없다. 다만 그러한 노력을 통해서 무욕의 경지에 점점 더 가까이 다가갈 수는 있겠지만, 궁극적으로는 그러한 인위적인 함이 없이 이루어지는 무욕이라야 비로소 참된 무욕일 수 있다는 것이다. 즉, 무욕의 경지로 나아가는 과정에 있어서는 인위적인 노력이 반드시 필요하지만, 궁극의 지점에서는 그러한 노력만으로는 무욕을 이룰 수가 없다는 것이다.

　보통 사람들도 잠시 동안은 무욕을 성취할 수가 있다. 욕심과 집착이 동하는 것을 굳건히 참고 이겨내어 어느 한 순간 욕심을 떨쳐 버릴 순 있지만, 그것은 잠시일 뿐 또다시 온갖 어리석은 생각과 사리사욕과 집착에 휩싸이게 된다. 그러나 무욕의 경지에 도달한 사람은 언제, 어디서든 어떤 욕심과 집착도 일어나지 않기에 애써 노력하지 않아도 항상 무욕의 상태에 머문다.

　그러나 말로는 이렇게 항상 무욕의 상태에 머문다고 하지만 이는 단지 언어적 수사(修辭)에 그칠 뿐, 실제에 있어서 그는 모든 욕심과 집착이 사라지고 없을 뿐만 아니라 더 나아가 무욕이라는 인식조차 가지고 있지 않기 때문에 항상 무욕의 상태에 머문다고도 할 수 없는 것이다. 만약 그에게 '나는 무욕의 경지에 도달했다'거나 혹은 '나는 항상 무욕의 상태에 머문다'라는 의식이 조금이라도 남아 있다면, 그는 아직 진정한 무욕의 경지에 도달한 것이 아니다. 왜냐하면 그는 아직 이원적 분별 의식과 집착에서 완전히 벗어나지 못했기 때문이다. 모든 욕심과 집착에서 벗어남은 물론 무욕이라는 의식조차 사라지고 없을 때 비로소 진정한 무욕의 경지에 도달한 것이라고 말할 수 있는 것이다.

무집착·무분별의 경지 역시 무욕의 경우에서와 같다. 만일 모든 집착에서 벗어나 무집착의 경지에 도달했다면, 그는 이제 무집착이라는 인식에서도 떠나야 한다. 이렇게 무집착의 경지에서 끝나지 않고 다음 단계로 나아가게 되는 이유는 무엇인가? 무집착이라는 의식 자체에 아직 집착과 무집착의 이원적 대립이 남아 있기 때문이다. 즉, 무집착은 오직 집착을 전제로 해서 성립되는 의존적 개념이므로 무집착이라는 의식에 머무는 것은 여전히 이원적 분별 의식과 집착에서 완전히 떠난 것이 아닌 것이다.

집착과 무집착, 분별과 무분별이라는 이원적 분별 인식을 통해서는 결코 실상(實相)에 도달할 수 없다. 실상은 그러한 모든 분별을 떠나 있기 때문이다. 그러므로 설령 모든 집착과 분별을 떠나 무집착·무분별의 경지에 도달했다고 하더라도 다시금 무집착·무분별이라는 의식마저 초탈해 버리지 않는다면, 그는 아직 참된 무집착·무분별의 경지에 도달한 것이 아니다. 왜냐하면 그는 아직 이원적 분별 인식과 집착에서 완전히 벗어나지 못했기 때문이다. 그러므로 분별과 무분별, 집착과 무집착이라는 이원적 분별 인식에서 벗어남은 물론, 무집착·무분별이라는 의식조차 완전히 사라지고 없을 때 비로소 참된 무집착·무분별의 경지에 도달한 것이라고 말할 수 있는 것이다.

이런 무욕과 무집착·무분별의 정신은 해탈의 기본 전제 조건이 된다. 우리가 욕심과 집착에 사로잡혀 있는 한, 그리고 주와 객, 유와 무, 선과 악 등 상대적인 분별 인식에서 벗어나지 못하는 한 우리에게 진정한 해탈이란 결코 있을 수 없다. 모든 욕심과 집착과 분별에서 떠날 뿐만 아니라 더 나아가 무욕·무집착·무분별이라는 의식마저 훌훌 벗어던질 때 비로소 완전한 자유, 즉 해탈의 성취가 가능하게 되는 것이다.

8) '하나(一)'에 대한 집착에서 떠나라

"인간의 사유는 그것이 분별을 전제로 하는 한에 있어서는 어떠한 경우에 있어서도 이원(二元)을 전제하지 않을 수 없으며, 또 모든 이원은 일원(一元)을 전제하지 않고서는 성립되지 않는 것이다. 일원과 이원은 모든 통합과 분별, 동일성과 다양성의 원리로서 동서고금을 막론하고 인간에게 필연적인 사유의 조건인 것이다". [47]

그러나 일원(一元)과 이원(二元), 일(一)과 다(多), 성(聖)과 속(俗), 재가와 출가, 앎과 무지, 생사와 열반, 미망과 깨달음, 중생과 부처라는 모든 개념적 분별은 단지 우리의 인식과 이해를 돕기 위한 방편으로서만 그 의미를 가질 수 있을 뿐이라는 사실을 분명히 알아 둘 필요가

---

47) 김용옥, 『기철학 산조』, 통나무, 1992, 130쪽.

있다. 다시 말해 그와 같은 상대적인 모든 분별은 단지 사유와 인식의 방편상 임시로 구분한 것일 뿐이기에, 그러한 임시적이고 방편적인 분별을 실제적인 구분인 양 착각해서는 안 된다는 것이다. 왜냐하면 실상(實相)은 그런 상대적인 모든 분별을 떠나 있기 때문이다.

따라서 '둘(또는 다)'이라는 인식이 하나의 그릇된 망상이라고 한다면, 그와 대비되는 '하나(一)'라는 의식은 또 다른 차원의 허구적 관념에 지나지 않는다. 그러므로 우리가 실상에 도달하기 위해서는 일(一)과 이(二, 또는 多)라는 분별 의식을 버려야 할 뿐만 아니라 '하나(一)'에 대한 집착에서도 떠나야 하는 것이다.

이렇게 볼 때 결국 '하나(一)'라는 말은 단지 사람들 사이의 사회적 약속에 의해 그 의미가 정해진 임시적인 명칭(假名)일 뿐이며, 그 말에 대응하는 고정적 실체가 없는 허구의 개념에 지나지 않음을 분명히 알 수 있다. 그렇다고 해서 그 말이 무가치하고 무의미하다거나 무용한 것이라는 의미는 결코 아니다. 그것은 현실의 삶 속에서 여러 분야에 걸쳐 매우 중요하게 쓰이는 핵심적인 개념이라고 할 수 있다. 조주 선사와 관련된 유명한 일화를 통해서 이에 대해 좀 더 깊이 있게 살펴보기로 하자.

어느 스님이 조주 선사에게 찾아와 이렇게 물었다.

"만법이 하나로 돌아간다(萬法歸一)고 하는데, 그러면 그 하나는 어디로 돌아갑니까?"

그러자 조주 선사는 다음과 같이 동문서답하였다.

"내가 청주에 있을 때 무명옷을 지었는데, 무게가 일곱 근이더군."

- 『벽암록』 제45칙

물론 이러한 엉뚱한 대답은 '하나(一)'라는 말에 집착하는 질문자의 사고를 근본적으로 전환하도록 하기 위함인 것이다. 즉, 그 스님으로 하여금 일(一)과 다(多)라고 하는 분별 의식은 물론 '하나'에 대한 집착을 모두 끊어 버리도록 하기 위해 이와 같이 엉뚱한 대답을 한 것이라고 할 수 있다. 또한 질문자는 조주 선사에게 '설명'을 해 줄 것을 요구하였지만, 조주 선사는 그것이 설명의 대상이 되지 못함을 잘 알고 있었기 때문에 본래 침묵해야 하는 것이지만 엉뚱한 대답으로 대신하였던 것이다.

누구나 알고 싶어 하는 존재의 본질에 대한 의문은 설명이나 이해의 대상이 될 수 없다. 그러므로 설령 조주 선사가 그 스님에게 자세히 설명을 해 준다고 하더라도 그러한 설명은 절대로 질문자의 요구를 만족시켜 주지 못한다. 왜냐하면 존재의 실상은 설명을 들어서 이해할 수 있는 것도 아니고, 또 남에게 설명해 줄 수 있는 것도 아니기 때문이다. 다시 말해 그것은 오직 스스로 깨달아 알아야만 하는 자각의 세계인 것이다.

따라서 조주 선사가 정확히 의도한 바는, 만법과 하나라고 하는 분별 의식과 '하나'에 대한 집착을 모두 끊어 주기 위해 동문서답식으로 엉뚱한 대답을 한 것이라고 할 수 있다. 왜냐하면 만법과 하나라고 하는 이원적 분별 의식에서 벗어나지 않는 한, 그리고 '하나'라고 하는 의식에 사로잡혀 있는 한 그는 결코 실상에 도달할 수 없기 때문이다. 그리하여 그러한 모든 분별과 집착에서 벗어나라는 의미에서 우회적으로 엉뚱한 대답을 한 것이다.

여기서 '만법이 하나로 돌아간다'고 할 때 그 '하나'라는 말은 오직 우리의 관념 속에서만 존재하는 허구의 개념일 뿐이며, 실제 세계 속에서 그와 같은 하나에 해당하는 고정불변의 실체는 어디에서도 찾을 수 없다는 것이다. 불교의 연기와 공 사상에 의하면 모든 존재는 여러 요소들이 인연화합하여 일시적으로 결합된 것이기에 단일하지도 않고 항상되지도 않으며, 또한 일체 모든 것들은 그 실체가 없어서 공한 것이다. 따라서 '하나'라는 말도 그에 상응하는 고정불변의 실체란 없으며, 그것은 다만 사람들 사이의 사회적 약속에 의거한 임시적인 명칭(假名)으로서만 존재할 뿐인 것이다.

그뿐만 아니라 '하나'라고 하는 의식에 머무는 것은 여전히 이원적 분별 인식에서 벗어나지 못한 것이며 '하나'에 대한 집착에서도 떠나지 못한 것이다. 그러므로 그 실체가 없는 허구적 관념에 불과한 '하나'라는 개념은 물론 '만법귀일'이라는 명제에도 집착하지 말아야 하는 것이다.

이 '만법귀일'과 비슷한 뜻을 가진 말로 '만법일여(萬法一如)'라는 말이 있다. 온갖 법이 공 또는 진여로 귀착하여 하나로 됨을 이르는 말이다. 그러나 모든 현상이나 사물이 결국 하나로 된다는 말은 단지 우리의 인식과 이해를 돕기 위해 임시방편적으로 그렇게 설명한 것일 뿐, 있는 그대로의 존재의 참모습(실상)을 온전히 나타내 주는 것이 아니므로 그 말을 영원불변의 진리로 여기고서 거기에 집착해서는 안 된다는 것이다.

'불이(不二)'라는 말도 역시 마찬가지이다. 불이라는 말은 '현실 세계는 여러 가지 사물이 서로 대립되어 존재하는 것처럼 보여도 사실은 모두 고정되고 독립된 어떤 실체가 있는 것이 아니고 근본은 하나라는 것'이라고 풀이한다. 하지만 분별을 본질로 하는 언어로 표현된 모든 명제와 이론과 법칙들은 모두 다 한계적이고 모순을 내포하고 있기 때문에 만법귀일, 만법일여, 불이 등의 명제들도 또한 진리 자체를 온전히 나타내 주는 것은 아닌 것이다.

이와 같이 하나(一), 또는 불이, 만법귀일, 만법일여 등의 개념이나 명제를 통해서는 결코 실상에 대한 근본적인 통찰이나 직접적인 깨달음을 얻을 수 없으며, 그것들은 언제나 우리에게 실상에 대한 부분적이고 근사적(近似的)인 이해만을 줄 수 있을 뿐이다. 그러므로 우리는 언표 불가능한 진리의 실상을 언어라는 수단을 빌려 임시방편적으로 나타낸 것에 지나지 않는 불이, 만법귀일, 만법일여라는 명제들을 영원불변의 진리로 여기고서 그것들에 집착해서는 안 되는 것이다.

VI.

붓다의 사상에 비추어 본
과학적 사고의 한계성

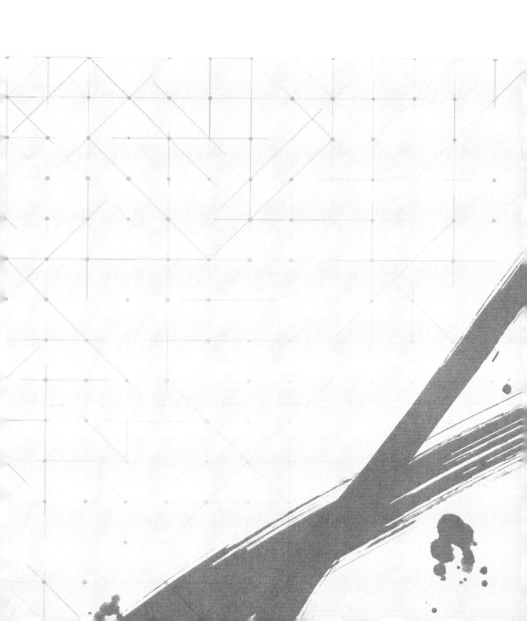

오늘날 과학은 수백 년간 비약적인 발전
과 급속한 변천을 거듭해 온 결과 인류
사회의 모든 분야에 막대한 영향을 끼치고 있을 뿐만 아니라 대체 불
가능한 현대 문명의 확고한 기반으로 자리 잡고 있다. 이러한 놀랄 만
한 과학적 성과와 업적에 한껏 고무되고 도취되어 어떤 과학자는 머지
않은 장래에 우리의 과학이 곧 완성될 것이라고 공언하는가 하면, 또
어떤 과학자들은 그동안 신비의 영역으로 남아 있던 동양의 신비주의
철학(동양 사상)의 내용들이 현대 과학의 첨단 이론과 법칙들에 의해
새롭게 규명되고 그 이론적 뒷받침이 되어 줄 수 있을 것이라고 주장
하기도 한다.

그러나 그들이 염원하는 과학의 완성이란 영원히 이루어질 수 없는
꿈일 뿐이며, 또한 과학적 발견과 이론들을 통해 우주 자연의 실상(實
相)에 도달할 수 있다거나 혹은 동양 사상의 이론적·원리적 토대를 마
련해 줄 수 있을 것이라는 생각은 모두 과학의 본질에 대한 오해에서
비롯된 환상과 착각에 지나지 않는다.

우리가 앞에서 살펴본 붓다의 사상에 비추어 볼 때 과학적 사고와
방법을 통해서는 결코 진리에 도달할 수 없다는 사실을 분명히 알 수
있다. 현대의 많은 과학자들도 또한 과학적 사고와 방법을 통해서는
단지 사물에 대한 부분적이고 근사적(近似的)인 이해에 이를 수 있을
뿐이라는 사실을 명확히 밝혀 주고 있다.

그뿐만 아니라 그동안 많은 사람들은 과학의 엄밀한 토대가 되어

준 수학을 불변의 진리라고 굳게 믿어 왔으나, 수학자들 스스로에 의해 수학은 더 이상 진리의 체계가 아님이 명백히 밝혀졌다.

그러면 왜 과학적 사고와 방법을 통해서는 결코 실상(진리)에 도달할 수 없는지, 그리고 수학은 왜 진리의 체계가 되지 못하고 가상의 체계, 관념의 체계로 남을 수밖에 없는지에 대해 여러 과학자들과 수학자들의 주장을 통해서 구체적이고 명확하게 규명해 보기로 한다.

1. 과학적 사고와 방법을 통해서는 진리에 도달할 수 없다

1) 모든 과학 이론은 단지 가설의 체계일 뿐이다

오늘날 과학은 인류 사회의 전 분야에 걸쳐 막대한 영향을 끼치고 있을 뿐만 아니라 과학의 차원을 넘어 인간의 사고와 언어의 논리적 구조의 변화를 가져오게 하고, 심지어 인류의 우주관과 세계관에까지 큰 영향을 끼치고 있다.

우리의 삶에 있어서 과학은 필수불가결한 요소임에는 틀림없다. 하지만 우리가 과학적 탐구를 통해 사물의 본질과 실상을 파악할 수 있다는 생각은 하나의 난센스에 불과하다는 사실 또한 분명히 알아 둘 필요가 있다.

끊임없이 변화하고 달라지는 것이 과학적 발견의 본성이며, 제아무리 중요한 과학적 사실도 시대에 따라 변천되는 보다 더 발달된 실험에 의해 급격하게 변화하는 흐름에서 벗어날 수가 없다. 그러므로 그 어떤 과학 이론이라 해도 자연에 관한 최종적이고 완전한 이론일 수 없다는 것은 불문가지의 사실이다.

더 이상 개선될 여지가 없는 완벽한, 하나의 최종적인 이론이라는 것에 대하여 어떤 과학자들은 그러한 것이 완벽한 그림이나 완전무결한 교향곡이라는 생각처럼 무의미한 것이라고 말한다. 그런가 하면 『시간의 약사』의 저자인 스티븐 호킹처럼 우리의 과학이 곧 완성될 것이라고 생각하는 사람도 있다.[48] 그러나 그러한 일이 실제로 일어날 것이라고는 생각하지 않는다.

과학은 비록 보편적인 진리나 법칙의 발견을 목적으로 하는 학문 ― 과학의 궁극적 목표가 진리를 추구하는 것이라고 굳게 믿는 과학자들이 있는 반면, 과학의 목표 자체가 진리를 얻는 것은 아니라고 주장하는 과학자들도 많다 ― 이라고는 하지만, 사실에 있어서 "모든 과학 이론은 불완전하고 발전 도상에 있으며 또 항상 잠정적이다. 따라서 그것들은 결코 불변의 진리라고 말할 수 없고, 다만 어떤 시점에서 우리 손에 들어 있는 최고의 모습이라고 할 수 있을 뿐이다".[49] 이러한 사실로 미루어 볼 때, 현재까지 우주의 생성을 설명할 수 있는 가장 적합한 모형으로 알려져 있는 '빅뱅 이론'(the big bang theory: 우주가 태초의 대폭발로 시작되었다는 이론으로서 현재 '표준 우주론'으로 널리 받아들여지고 있다) 역시 언젠가는 폐기될 운명에 처할 것이라는 점은 의심할 여지가 없다.

---

48) 아인슈타인 이후 많은 이론물리학자들은 '대통일 이론' 등을 추구하며 우주를 움직이는 근본 원리는 궁극적 진리를 표현하는 단 한 가지 이론에 들어 있을 것이라고 믿고서 그것을 찾기 위해 부단한 노력을 기울이고 있는데, 스티븐 호킹도 그러한 과학자들 중의 한 사람이라고 말할 수 있다. 일찍이 그는 과학의 앞날에 대해 다음과 같이 예견하였다. "나는 완전한 통일 이론을 오늘날 살고 있는 사람들의 생전에 가져올 것으로 생각한다. 만약 우리가 우주의 궁극적 이론을 실제로 발견했다면 어떻게 될까? 우리가 옳은 이론을 참으로 발견했다고 확신할 수는 결코 없다. 이론이란 증명될 수 없는 것이기 때문이다. 그러나 이론이 수학적으로 모순이 없고 관측과 맞는 예언을 언제나 해 준다면, 우리는 그 이론이 옳다고 믿을 만하다. 이는 우주를 이해하려는 인류의 지적 투쟁의 역사에서 길고 빛나는 한 장에 종지부를 찍는 셈이다"(스티븐 호킹 지음, 현정준 옮김, 『시간의 역사』, 삼성출판사, 1991, 248~249쪽).

49) 핸버리 브라운 지음, 김동광 옮김, 『과학, 인간을 만나다』, 한길사, 1994, 205쪽 참고.

그러면 우리는 왜 모든 것을 설명해 줄 수 있는 궁극 이론에 도달할 수 없는가? 가장 근본적인 이유는, 존재의 실상은 인간의 언어와 사유를 넘어서 있어서 우리의 인식 능력으로 파악할 수 없고 또 언어로 표현 불가능하기 때문이다. 그리고 우리가 최종적이고 완전한 과학 이론에 도달하기 어려운 보다 더 현실적인 이유를 찾아보면, 앞서 우리가 붓다의 연기 사상에서 살펴본 바와 같이 모든 자연 현상은 밀접하게 상호 관련되어 있기 때문이다. 그렇기 때문에 그중의 어느 하나를 설명하려고 하면 우리는 다른 모든 것을 전부 알 필요가 있는데, 그것은 분명히 불가능하다.

카프라(F. Capra)는 모든 과학 이론과 모델들이 갖고 있는 근본적인 한계에 대해 이렇게 말하고 있다.

"지금까지 과학을 그토록 성공적으로 만들어 준 것은 다름 아닌 근사치(近似値)가 가능하다는 발견이다. 만일 우리가 자연에 대한 근사적인 이해에 만족한다면 덜 관련된 다른 현상들은 무시하고 현상의 선택된 그룹을 이런 방법으로 기술할 수 있다. 그리하여 많은 현상을 몇몇의 언어로 설명할 수 있고, 결과적으로 단번에 모든 것을 이해해야만 할 필요가 없이 근사적 방법으로 자연의 상이한 국면들을 이해할 수 있다. 이것이 과학적 방법이다. 모든 과학적 이론들과 모델들은 사실 그 자체가 아니라 단지 근사치들에 불과하다.

이와 같이 과학자들은 그 이전의 이론들보다는 좀 더 정확한 일련의 부분적이고 대략적인 이론들을 세운다. 그러나 그들 중의 어느 누구도 자연 현상에 관한 완전하고 최종적인 해석이라고 표명하지는 못한다. 이전의 이론들과 마찬가지로 그들이 기술하는 모든 자연 법칙들은 없어질 수 있는 것으로서 그 이론들이 더 발전되었을 때에는 좀 더 정확한 법칙들에 의해 대체되도록 되어 있다."[50]

제아무리 뛰어난 과학 이론이라 해도 시간이 지나면 새로운 이론으로 대체되기 마련이다. 즉, 어떤 한 이론이 잠정적인 정설로 인정받고서 그런 상태가 한동안 유지되다가 다시금 보다 발전된 새로운 이론에 그 자리를 내주게 되는, 이러한 과정은 과학이 존재하는 한 끝없이 계속될 것이다. 이것은 모든 과학적 발견과 과학 이론의 피할 수 없는 숙명이라고 할 수 있다.

그럼에도 불구하고 일부 과학자들은 우리에게 모든 것을 설명해 줄 수 있는 우주의 궁극적 이론을 찾기 위해 끈질긴 노력을 계속해 나가고 있다. 하지만 그들이 간절히 찾고 있는 완전하고 모순 없는 과학 이론이란, 마치 '소경 코끼리 만지기'라는 우화가 보여 주듯 인간이 자연의 일부분을 더듬어 보고서 그것을 자연의 전부라고 착각하고서 지어낸 동화 같은 이야기일 뿐이다. 인간은 결코 자연의 전체적인 모습을 볼 수 없기에 자연이라는 코끼리에 관한 한 우리는 소경이나 마찬가지의 처지에 놓여 있는 셈이다. 따라서 우주 자연에 관한 그 어떤 과학 이론이나 법칙도 부분적이고 한계적일 수밖에 없다.

오늘날 대부분의 과학자들은 실험의 해석을 통해 얻어 낸 과학적 모형과 이론들이 단지 근사치일 따름이며, 따라서 필연적으로 부정확한 것이라는 사실을 잘 알고 있다. 결론적으로 말해 모든 과학 이론

50) 프리초프 카프라 지음, 이성범·김용정 옮김, 『현대물리학과 동양사상』, 범양사출판부, 1990, 312쪽.

은 단지 '작업 가설'일 뿐이다. "일례를 들면, 뉴턴의 법칙은 근사치이고 다만 중력장이 약하고 속도가 광속에 비해 느릴 때만 적용된다는 사실이 아인슈타인에 의해 밝혀짐으로써 그것은 이제 '자연이라는 책에 신에 의해 쓰인 영원한 진리'라고 여겨지지 않거니와 단지 『프린키피아』에서 뉴턴이 쓴 '작업 가설'로 보게 되었다. 과학철학자인 칼 포퍼가 말했듯이, 어떤 과학 이론도 그것이 의미가 있는 것이라면 확실하게 옳다고 주장할 수는 없다. 즉, 이론이 정당하게 주장할 수 있는 것은 그것이 현재의 관측과 모순되지 않는다는 것뿐이다. 바꾸어 말하면, 과학 이론은 확실히 옳다는 것을 결코 증명할 수는 없고, 다만 확실히 잘못되어 있는 것을 증명할 수 있을 뿐이라는 것이다".[51]

과학적인 추론 방법은 다른 그 어떤 것보다도 강력하고 매우 효율적이지만, 만일 우리가 과학적 이론과 개념 체계를 더욱 엄밀하게 하고 확고하게 한다면 그것은 오히려 우리를 실제의 세계로부터 더욱 멀어지게 하는 결과를 초래할 수도 있다.

사실 과학적 모델이나 이론, 즉 과학 법칙을 만든다는 것 자체가 이미 본래의 실상을 크게 왜곡하는 행위이다.[52] 그와 같이 개념화하고

---

51) 핸버리 브라운 지음, 김동광 옮김, 『과학, 인간을 만나다』, 한길사, 1994, 201~202쪽 참고.

52) 과학적 방법이란, 가정을 세우고 실험을 통하여 그것을 확인함으로써 지식을 획득하는 방법이다. 물리학에 있어서는 실험의 해석을 모형이나 이론이라고 부르며, 모든 모형이나 이론들이 근사치란 사실을 깨닫는 것이 현대 과학 연구의 근저를 이룬다. 그래서 아인슈타인도 이런 경구를 말했다. "수학의 법칙들이 실재에 관해 언급하는 한 그것은 확실하지 않고, 그것들이 확실하다면 실재를 가리키지 않는다".
물리학자들은 그들의 분석 방법과 논리적인 추론이 자연 현상의 전 영역을 당장 해명할 수 없다는 것을 잘 알고 있으며, 그래서 그들은 현상의 특정한 일군(一群)을 뽑아내어 그 일군을 설명할 수 있는 모형을 세우려고 하는 것이다. 그렇게 하는 과정에서 그들은 다른 현상들을 무시하게 되고, 따라서 그 모형은 실제 상황에 대한 완전한 기술을 하지 못한다(프리초프 카프라 지음, 이성범·김용정 옮김, 『현대물리학과 동양사상』, 범양사출판부, 1990, 53쪽).

이론화하는 작업은 결코 정형화된 틀 속에 가둘 수 없는 것을 억지로 틀 안에 집어넣는 것과 같아서 반드시 심각한 뒤틀림과 왜곡 현상을 수반할 수밖에 없기 때문이다. 즉, 우리의 개념화하고 이론화하는 행위 자체가 이미 있는 그대로의 사물의 본래 모습을 크게 왜곡하는 결과를 낳을 뿐이라는 것이다.

하지만 그러한 인위적인 작업 형성 과정 없이는 과학은 물론 어떤 학문이나 이론도 성립될 수 없다. 여기에 과학의 딜레마가 있다. 과학적 모델이나 이론을 만들자니 실제적인 모습과는 간극이 생길 수밖에 없고, 그렇다고 안 만들자니 과학이라는 학문 자체가 성립될 수 없는 진퇴양난의 상황에 빠지게 되는 것이다. 이는 단지 과학만의 딜레마일 수 없으며, 철학·논리학·수학·언어학 등 모든 학문 분야가 공통적으로 안고 있는 근본 문제이다. 결국 이것은 인간이 인위적으로 구축한 모든 학문이 필연적으로 짊어지고 갈 수밖에 없는 짐이고 피할 수 없는 숙명이다.

이와 같이 모든 과학 이론과 법칙들은 본래 포착 불가능한 존재의 실상을 추상화, 개념화, 실체화하여 우리가 이해할 수 있는 언어로 나타낸 것에 지나지 않기 때문에 실제 사실과 동떨어질 수밖에 없는 근본적인 한계를 가지고 있다. 그러므로 우리는 그것들을 실제 사실과 혼동해서는 안 되는 것이다.

설득력 있고 설명력 있는 가설이 곧 사실은 아니다. 우리가 믿고 있는 모든 과학 이론은 단지 작업 가설에 지나지 않으며, 따라서 그것들은 모두 사실의 체계가 아니라 단지 가설의 체계에 불과할 뿐인 것이다. 그런데도 여전히 많은 사람들은 가설과 사실을 혼동하고서 그것을 실제 사실로 받아들이는 경향이 있는 것 같다.

과학적 가설들에 대해 우리가 가져야 할 바람직한 태도에 대해 버트런드 러셀은 한 토막의 에피소드를 인용하면서 다음과 같이 적절하게 제시해 주고 있다.

"우리 눈에 보이는 유성(遊星)들의 운동은, 그것들을 깊이 분석해 보기 전에는 불규칙적이고 복잡한 것 같다. 그리스인들은 모두 천체가 분명히 수학적인 미(美)를 실증해 보여 준다고 생각했다. 그런데 이것은 유성들이 원운동을 해야만 되는 것이다. 플라톤도 그렇게 생각했다. 그의 선에 대한 강조로 말미암아 그렇게 된 것이다…. 그러나 불행하게도 케플러는, 유성은 원운동을 하는 것이 아니라 타원운동을 하며, 또 태양을 중심으로 하는 것이 아니라 초점으로 하고 있다는 것을 알아냈다. 그리고 뉴턴은 유성이 정확하게 타원 운동을 하고 있는 것이 아니라는 사실을 발견하였다. 그리하여 플라톤이 추구한 기하학적인 단순성은 드디어 착각에 지나지 않는다는 것이 입증되었다.

이 한 토막의 과학사는 우리에게 일반적인 가르침을 준다. 즉 어떤 가설 ― 설사 그것이 어리석은 것일지라도 ― 을 발견한 자들에게, 사물의 인식에 어떤 새로운 방향을 제시해 준다면 과학에서는 유용한 것이라고 할 수 있다. 그러나 다행히 그 가설이 이 목적을 위해 사용된 후에는, 그것은 그 이상의 발전을 위해서는 오히려 방해가 되는 것 같다. 선에 대한 신앙은 천문학이 발달된 어느 단계에서는 세계를 과학적으로 이해하는 데 열쇠가 되었다는 의미에서 유용한 것이었지만, 그 후에는 언제나 해로운 것이었다. 플라톤의 윤리적, 심미적인 편견과, 특히 아리스토텔레스의 편견은 그리스 과학의 발달에 큰 장애가 되었다고 하겠다."[53]

이러한 자기 성찰적 태도와 유연한 사고방식은 단지 과학적 가설들에 대해서만이 아니라 모든 개념과 이론들에 예외 없이 동등하게 적용되어야 할 대원칙이다. 러셀의 지적과 같이 우리는 그 어떤 개념이나 이론이라 하더라도 어느 순간에는 더 높은 단계로의 향상과 진전을 방해하는 커다란 장애물이 될 수도 있다는 사실을 깊이 유념해야 할 것이다.

2) 과학적 사고와 방법을 통해서는 실상(實相)에 도달할 수 없다

과학적 사고와 방법을 통해서는 결코 존재의 참모습에 도달할 수 없다. 인간이 지각하고 인식할 수 있는 것은 언제나 자연의 일부분에 지나지 않기 때문이다. 상대적인 세계의 한 부분일 수밖에 없는 우리의 인식 체계 — 과학적 인식 또한 이 속에 포함된다 — 를 통해서 존재의 참모습(實相)을 온전히 파악할 수 없다는 것은 너무도 자명한 사실이다.

자연에 대한 과학적 인식이 제아무리 뛰어나고 중요하더라도 그것은 구체적인 자연에 대한 '모든' 혹은 '총괄적인' 진리는 결코 아니며 '부분적인' 진리에 지나지 않는다. 과학자들이 제시하는 이론이나 법칙들, 예를 들면 뉴턴 역학이나 상대성 이론, 양자역학 등은 모두 자

53) 버트런드 러셀 지음, 최민홍 옮김, 『서양 철학사(상)』, 집문당, 1993, 206~207쪽.

연에 대한 부분적이고 단편적인 설명에 지나지 않을 뿐이다. 그러므로 우리는 자연의 일부분을 더듬어 보고서 마치 그것이 자연의 전체적인 모습인 양 착각하는, 다시 말해 부분을 전체화하는 오류를 범해서는 안 되는 것이다.

또한 우리가 앞에서 '자유' 개념에 대한 설명에서도 이미 살펴본 바와 같이, 그 어떤 것이 되었든 인간의 인식이라는 그물에 포착되는 순간 '그것'은 본래의 그것이 아닌 다른 어떤 것이 되고 마는 것과 마찬가지로, 과학자들이 제아무리 완벽하고 정밀한 관측기구를 만든다고 하더라도 자연 속의 어떤 존재가 그 실험 기구에 의해 관측되고 측정되는 순간 '그것'은 이미 본래의 그것이 아닌 다른 어떤 것이 되고 만다는 것이다. 그래서 과학적인 방법으로는 결코 사물의 있는 그대로의 본래 모습(실상)을 온전히 파악할 수 없다고 하는 것이다.

그러면 이제부터 과학적 탐구에 일생을 바친 현대 물리학의 거장들이 솔직하고 허심탄회하게 술회하고 있는 진술들을 통해서 과학적 인식과 논리적 사고가 안고 있는 근본적인 문제점과 한계성을 명쾌히 규명해 보기로 한다. 그들의 마음 깊숙한 곳에서 우러나오는 진지한 고백은 그 누구의 말보다도 설득력 있게 다가올 것이다.

현대 물리학은 실재의 추상적이면서 간접적인 상징을 다루고 있을 뿐이라는 사실을 영국의 저명한 물리학자 제임스 진스(James Jeans)는 명확히 지적해 주고 있다.

"현대 물리학의 연구에 있어서 우리는 사건 그 자체를 이해할 수는 없다. 우리가 이해할 수 있는 것이란 고작해야 수학 방정식을 사용하여 사건의 패턴을 묘사하는 정도이다. 땅을 파고 씨를 심고 추수를 한다. 그러나 항상 최종적인 추수는 수학 형식으로 된 다발이다. 그것은 결코 자연 그 자체의 묘사는 아니다… 따라서 물리학을 통하여 실재와 접촉한다는 것은 불가능한 일이다."[54]

에딩턴(A. Eddington)은 자연 과학의 방법으로 외부 세계를 탐사한다는 것은 구체적 실재와 접촉하는 것이 아니라 단지 상징으로 된 그림자 세계와 접촉하는 것이며, 과학적 방법을 그 이상의 영역에 적용하는 것은 불가능하다고 역설하였다.

"많은 과학의 발견으로 인하여 물리학의 파급 효과가 커지더라도 그 파급 효과가 본질적인 성격까지 바꾸어 놓을 수는 없다…. 자연 과학적 방법으로 외부 세계가 밝혀진다 하더라도 그것은 절대적 실재가 아니라 단지 상징으로 이루어진 그림자 세계일 뿐이다. 즉, 그것은 과학 너머에 있는 세계의 그림자일 뿐이다."[55]

에딩턴에 의하면 물리학은 그림자 동굴 너머에 있는 실재가 아닌 상징으로 된 그림자 세계만을 다룰 수 있을 뿐이라는 것인데, 물리학자들이 자주 인용하는 에딩턴의 웅변적인 표현을 다시 들어 보자.

"물리학의 세계에서 우리는 일상적 삶의 그림자 연극을 보고 있다. 그림자 팔꿈치는 그림자 테이블 위에 있고, 그림자 잉크가 그림자 종

---

54) 켄 윌버 편저, 박병철·공국진 옮김, 『현대물리학과 신비주의』, 고려원미디어, 1991, 17쪽.
55) 앞의 책, 18쪽.

이 위에 쓰이고 있다…. 이처럼 물리학 자신이 그림자 세계를 다루고 있음을 솔직히 인정한 것이야말로 가장 중요한 진보 중의 하나이다."[56]

그러나 슈뢰딩거(E. Schrödinger)는 이 사실을 다시 원점으로 되돌린다.

"물리학의 세계 그 자체가 그림자적 성격임을 인식한 것을 최근 물리학의 진보라고 볼 수는 없다. 그것은 데모크리토스 이전부터 알려져 있었지만 우리는 그것을 인식하지 못했다. 그러면서 우리는 세계 그 자체를 다루고 있다고 생각한 것이다."[57]

제임스 진스는 동굴의 비유를 이용하여 완벽하게 이것을 마무리했다.

"기본적인 사실은, 과학이 지금 그리고 있는 자연의 그림은 수학적 그림이라는 것이다. 수학적 그림이야말로 관측 사실과 일치할 수 있는 유일한 그림처럼 보인다. 그러나 그것은 그림 이상의 어떤 것도 아니며, 과학이 아직도 궁극적 실재와 접촉하지 못했다는 의미에서 픽션이라 부를 수도 있다.

20세기 물리학의 뛰어난 업적은 시간과 공간을 결합시킨 상대성

---

56) 앞의 책, 19쪽.
57) 앞의 책, 19쪽.

이론도 아니며, 인과의 법칙을 분명하게 부정하는 양자론도 아니며, 보이는 것이 물질 그 자체가 아니라는 사실을 발견한 원자의 분석도 아니라고 많은 사람들이 철학적 견지에서 폭넓게 주장했다. 이처럼 우리가 아직도 궁극적 실재와 접촉하지 못했음이 널리 인식되어 있었다. 우리는 아직도 동굴 속에 갇혀 있다. 뒤에는 빛이 있으며, 우리는 벽에 비치는 그림자만 볼 수 있다."[58]

또한 슈뢰딩거는 현대 과학자들이 강하게 집착하고 있는 논리적 사고의 한계에 대해서 분명한 어조로 다음과 같이 지적하고 있다.

"우리는 너무 논리적 연역에만 집착하고 있다. 이런 경향에 반대하여 논리적 사고의 결함을 들춰 보자. 논리적 사고를 통해 현상의 본질을 파악하기란 절대적으로 불가능하다. 왜냐하면 논리적 사고는 그 자체가 현상의 일부이며 현상 속에 완전히 포함되어 있는 것이기 때문이다."[59]

화이트헤드(A. N. Whitehead)는 "과학이 우리의 사상에 부과하고 있는 자연관이 얼마만큼 왜곡된 것이며 모순에 찬 것인지를 우리는 까맣게 잊고 있다"라고 하면서 과학적 방법으로는 자연의 중요한 사실을 파악할 수 없는데, 그 까닭은 과학이 보통 사용하는 개념들은 오직 제한된 좁은 영역, 어쩌면 과학 그 자신의 입장에서 보아도 너무

---

58) 앞의 책, 19쪽.
59) 앞의 책, 119~120쪽.

좁은 영역 안에서만 타당할 수 있는 것이기 때문이라고 한다.[60] 양자역학의 창시자 중의 한 사람인 하이젠베르크 역시 물리학은 오직 엄밀하게 제한된 범위 안에서만 타당한 관계를 서술할 수 있다고 주장한다.[61]

이와 같이 현대 물리학의 여러 거장들은 한결같이 과학적 사고와 방법을 통해서는 결코 실재 세계에 도달할 수 없다는 사실을 분명하고도 확신에 찬 어조로 피력하고 있음을 알 수 있다. 한마디로 말해 물리 과학은 실재 그 자체가 아니라 동굴 속의 그림자를 다루고 있을 뿐이라는 것이다.

또한 현대 물리학의 중요한 발견에 의하면 과학자들은 결코 자연 그 자체를 올바로 관찰할 수 없다고 한다. 대표적인 예로, "하이젠베르크의 '불확정성 원리'에 의하면 우리가 양자의 위치와 운동량을 동시에 정확하게 측정하는 것은 불가능하다. 즉, 우리는 입자의 위치에 관한 정확한 지식을 획득하는 대신 그 운동량(따라서 그 속도)에 관해서는 완전히 모르는 상태에 있거나, 아니면 그 반대이거나, 그렇지 않

---

60) A. N. 화이트헤드 지음, 오영환 옮김, 『과학과 근대세계』, 서광사, 1991, 134쪽.

61) 뉴턴의 기계론은 뉴턴의 이론에는 빠져 있던 전자 및 자장(磁場) 현상이 발견될 때까지는 자연 현상에 대한 최종적인 이론으로서 오랫동안 간주되어 왔다. 이들 새로운 현상들이 발견됨으로써 뉴턴의 모델은 다만 현상의 특정한 일군(一群), 특히 고체의 운동에만 적용될 수 있는 불완전한 것으로 판명된 것이다.
오늘날 우리는 뉴턴적인 모형은 원자의 구성 단위가 많은 물질과 광속(光速)에 비견해서 작은 속도에만 타당하다는 사실을 알고 있다. 첫째의 조건이 주어지지 않으면 고전적 기계론은 양자론에 의해 대체되어야 하고, 두 번째의 조건이 충족되지 못하면 상대성 이론이 적용될 수밖에 없다. 이것은 뉴턴의 이론이 꼭 틀리다거나 양자론과 상대성 이론이 맞음을 뜻하지는 않는다. 이런 모든 모형들은 현상의 어떤 범위에만 타당한 근사치일 따름이다. 이 범위를 넘어서면 그것들은 자연에 대해 만족할 만한 기술을 더 이상 줄 수 없으며, 따라서 옛 것에 대신할 새로운 모형이 발견되어야 하는 것이다(프리초프 카프라 지음, 이성범·김용정 옮김, 『현대물리학과 동양사상』, 범양사출판부, 1990, 54쪽).

으면 그 두 가지 양에 관해 대략적이고 부정확한 지식만을 가질 수 있다. 그런데 여기서 중요한 사실은, 이러한 한계가 우리의 측정 기술의 불완전성과는 아무런 관계가 없고, 그것은 원자적 실재에 고유한 원리상의 한계라는 점이다. 따라서 입자의 위치를 정확하게 측정하려고 하면 그 입자의 운동량이 정확하지 않게 되고, 반대로 운동량을 측정하려고 하면 그 위치가 정확하지 않게 된다".[62] 이러한 하이젠베르크의 '불확정성 원리'는 수학자 괴델의 '불완전성 정리'와 함께 수학과 과학적 지식의 한계를 입증한 양대 이론으로 꼽히고 있다.

주지하다시피 과학은 그 본래의 성격상 실재의 부분적인 측면만을 다룰 뿐이다. 인간의 모든 인식과 의식 대상이 언제나 부분일 수밖에 없는 것과 마찬가지로 인간 이성의 산물인 자연과학 역시 실재의 부분만을 다룰 수밖에 없으며, 따라서 과학자들은 언제나 자연에 대한 부분적이고 근사적(近似的)인 이해에 만족할 따름인 것이다(모든 과학적 개념과 이론들이 근사치라고 하는 현대 과학의 기본 태도를 상기하라).

3) 과학에 대한 올바른 인식과 태도

지금까지 살펴본 바와 같이 과학적 인식과 논리적 사고를 통해서 존재의 참모습(실상)을 파악하기란 어렵다는 사실을 분명히 알 수 있다. 이러한 사실은 과학은 결코 만능이 아니며 뚜렷한 한계가 있음을 말

---

62) 프리초프 카프라 지음, 이성범·김용정 옮김, 『현대물리학과 동양사상』, 범양사출판부, 1990, 158쪽.

해 준다. 그렇다고 해서 과학적 인식과 방법을 무시해도 좋다는 말은 아니다. 과학에 대한 맹목적인 신뢰와 무조건적인 거부는 다 같이 과학의 본질에 대한 잘못된 인식에 근거한다. 요컨대 과학은 제한된 영역 내에서는 나름 유용한 인식의 방법론일 수 있지만 — 과학은 우리에게 매우 유용한 실제적인 정보를 제공해 주며, 많은 경험을 일관성 있는 질서로 체계화시켜 준다 — 그 영역을 넘어서 있는 실재 세계에 관해서는 아무것도 말해 주지 않으며 무섭게 침묵할 수밖에 없다.

과학은 언제나 사물의 현상적인 면만을 밝혀 줄 수 있을 뿐 '사물이 무엇인가' 하는 근원적인 질문에는 아무런 빛도 던져 주지 못한다. 그럼에도 우리는 과거 수백 년간 과학의 비약적 발전과 놀랄 만한 성과에 한껏 고무되어 과학이 모든 것을 해결해 줄 수 있을 것이라는 환상과 착각에 빠지곤 한다. 그러나 과학은 결코 만능이 아니며 뚜렷한 한계가 있다는 사실을 분명히 인식할 필요가 있다.

현대 문명을 성립시키는 데 결정적 역할을 한 과학은 본래 어떤 사태를 권위와 편견 없이 합리적으로 이해하는 대단히 우수한 방법이다. 그렇지만 "과학은 단지 인간이 자연을 이해하고 설명하는 하나의 특수한 인식 혹은 설명의 틀에 불과할 뿐, 자연의 본래 모습을 있는 그대로 비추어 보여 주는 거울이 아니다. 과학은 다른 인식의 틀을 부정하고 자신의 인식만이 옳다고 주장하지 않는다."[63] 바로 이와 같은 태도로 해서 과학은 다른 그 무엇과도 견줄 수 없는 절대적인 신뢰와 지지를 받아왔던 것이다.

세계적으로 커다란 반향을 불러일으켰던 『과학 혁명의 구조』에서

---

63) 박이문, 『문명의 미래와 생태학적 세계관』, 당대, 1997, 250쪽.

쿤(T. S. Kuhn)이 제시한 혁명적인 결론 가운데 하나도 과학은 인간의 여타 활동과 유사한 방식에 의해 변천하는 것이며, 통상적으로 과학의 특성이라고 간주되었던 객관적, 논리적, 경험적, 가치중립적 성격들이 다른 분야에 견주어 볼 때 그 정도가 더한 것은 사실이나 본질적으로는 크게 다를 바 없다는 진리를 실증적으로 보여 준 점이라고 할 수 있다"[64]

"미국의 과학철학자 반 프라센(Bas van Fraassen)은 모든 과학 이론은 다 가설이고, 그중 특히 관측 불가능한 주제를 다룬 이론들은 우리의 경험으로 증명도 할 수 없고 반증도 할 수 없기 때문에 영원히 가설로 남을 수밖에 없다고 주장하였다. 과학이 그러한 인간 지식의 한계를 넘어서는 목표를 추구하는 것은 부질없고 어리석은 짓이며, 또 그것을 성취했다고 착각해서 뽐낸다면 근거 없는 교만이라고 하면서 '겸허함의 철학'을 권장하고 있다"[65] 과학철학자 장하석 교수도 "단순하게 만들어 놓은 이론은 관측 내용과 정확히 맞아떨어지지 않기 쉽고, 또 실재를 그대로 보여 준다고 할 수도 없지만, 인간의 사고와 이해를 돕기 때문에 무척 유용하다"[66]라고 하면서 과학 이론의 한계성과 유용성에 대해 밝혀 주고 있다.

과학은 우리의 삶을 지탱하는 여러 부분들 중 하나이며 삶의 한 방편이고 수단일 뿐이지, 과학이나 기술 만능주의로 치달을 경우 자연의 조화와 질서를 파괴함으로써 인류의 재앙을 초래하는 근본 원인이

64) 토머스 S. 쿤 지음, 김명자 옮김, 『과학 혁명의 구조』, 두산동아, 1997, 302쪽.
65) 장하석, 『장하석의 과학, 철학을 만나다』, 이비에스미디어, 2018, 160쪽 참고.
66) 앞의 책, 176쪽.

될 수도 있다. 오늘날 우리가 경험하고 있는 것처럼 현대 과학이 뚜렷한 한계가 있다는 것과 아울러 인류의 삶과 문명을 위협하는 수많은 문제점들을 속속 드러내고 있지만, 그것이 곧 과학 무용론 내지 폐기론을 주장하는 근거가 될 수는 없다. 과학은 무조건 거부되고 규탄되어야 할 대상이 아니다.

오늘날 과학은 뛰어난 효용성과 실용적 가치로 인해 그 어떤 분야보다도 영향력 있고 불가결한 삶의 필수 요소로서 굳건히 자리 잡고 있다. 하지만 과학에 대한 맹신이나 지나친 의존은 금물이다. 과학에 대한 맹목적인 추종과 신뢰는 물론 과학 무용론 내지 폐기론이라는 과학에 대한 두 가지 극단적 인식과 태도는 모두 지양되어야 마땅하다. 이것이 과학에 대해 우리가 기본적으로 지녀야 할 올바른 인식과 태도라고 할 수 있을 것이다.

2. 수학은
진리의 체계가 아니다

1) 수학은 관념의 체계이고 가상의 체계일 뿐이다

언어로 진술되고 표현된 모든 이론이나 명제들은 사실 또는 진리와는 거리가 먼, 인간의 관념의 산물일 뿐이다. 왜냐하면 그것들은 모두 있는 그대로의 사실 또는 진리 그 자체에 대한 진술이나 표현이 아니며, 단지 사실을 추상화하고 관념화한 것에 지나지 않기 때문이다.

사실 모든 학문 체계는 우리 인간의 인식과 이해를 돕기 위해 인위적으로 구축한 가공의 체계임에도 불구하고 우리는 그것을 사실의 체계인 것처럼 착각한다. 이런 관점에서 볼 때 우리들이 진리라고 굳게 믿고 있는 수학이라는 학문 역시 사실을 있는 그대로 나타내 주는 사실의 체계, 진리의 체계가 아니라 단지 수와 기호를 사용하여 사실을 극단적으로 추상화하여 정교하게 체계화시켜 놓은 관념의 체계이고 가상의 체계일 뿐이다. 진리는 우리의 인식 능력으로 파악할 수 없고, 또 문자나 기호로 표현할 수 없기 때문이다. 그래서 수학은 진리의 체계가 아니라고 말하는 것이다.

2) 괴델의 불완전성 정리

오늘날 많은 사람들이 철석같이 믿고 있는 수학은 영원히 변치 않는 불변의 진리라고 말할 수 있을까? 그렇지 않다. 수학이 더 이상 진리로서의 역할을 수행할 수 없다고 하는 사실을 분명하게 밝혀 준 이는 다름 아닌 수학자들 자신이다. 마치 철학자 칸트가 이성적 사고 방법을 통해 이성의 한계를 명확히 밝혔듯이, 수학자 괴델은 수학적 방법으로 수학 스스로의 한계를 명백히 밝혀 주었던 것이다.

괴델 이전에도 이미 칸토어(Georg Cantor)나 러셀(Bertrand Russell) 등에 의해 종래의 수학이나 논리학이 스스로의 내부에 자기모순을 안고 있다는 사실이 속속 밝혀졌다. 그 결과 동요되지 않는 절대 진리, 말하자면 진실 중의 진실로 믿어 온 수학이 커다란 위기를 맞게 된 것이다.

괴델 이전의 수학자들은, 마치 칸트 이전의 서양 전통 철학자들이 진리를 이성으로 인식할 수 있다고 확신했던 것처럼, 논리적으로 완벽한 체계를 가진 수학을 만들 수 있다고 자신했다. 그들은 모든 명제를 참과 거짓으로 확연히 분별할 수 있는 신의 세계를 수학이라는 닫힌 공간에 건설하려 했던 것이다. 그런데 선배 수학자들의 이런 꿈이 한 젊은 수학자에 의해 산산조각이 나고 만 것이다. 즉, 가장 완벽한 체계의 지식으로 간주되던 수학이 한순간에 붕괴해 버린 것이다.

수학의 마왕, 천 년에 한번 날까 말까 한 수학의 천재로 불리는 수학자 쿠르트 괴델(Kurt Gödel: 1906~1978)은 25세이던 1931년에 세상을 발칵 뒤집어 놓은 저 유명한 '불완전성 정리'를 발표하였다. "이 정리가 발표되기 이전까지 버트런드 러셀과 화이트헤드를 포함한 대부분의 논리학자들은 주어진 수학적 명제의 참과 거짓을 판별할 수 있는 절대적인 지침이 있다고 믿었다. 그들은 참인 모든 명제는 증명이 가능하다고 생각하였던 것이다. 그러나 괴델은 참이지만 증명이 불가능한 식을 제시하여 그렇지 않음을 밝혀 주었다".[67] 즉, "괴델의 정리는 러셀과 화이트헤드가 제시한 공리 체계에 치유할 수 없는 허점이 있을 뿐 아니라, 더 나아가 일반적으로 어떤 공리 체계라도 무모순이면 수론의 모든 참을 산출할 수 없다는 것을 드러냈다".[68]

"산술을 형식화한 형식 체계에서 그 체계가 모순이 없다면 참이지만 증명할 수 없는 명제가 그 체계 내에 반드시 존재한다는 것이 괴델의 제1불완전성 정리이고, 산술을 포함하는 형식적 체계의 무모순성은 그 체계 내에서는 증명할 수 없다는 것이 괴델의 제2불완전성 정리이다".[69]

이와 같은 "괴델의 불완전성 정리는 '수론을 무모순의 공리계로 형식화할 때에는 결정 불능 명제가 포함된다'라는 한마디로 요약된다. 산술을 모순이 없는 공리로 형식화하여 그 공리계로부터 논리적 추론에 의하여 정리를 증명할 때에는, 그 공리계 안에서 허용된 방법으로 증명을 끌어낼 수 없는 논리적으로 참인 명제(이른바 '결정 불능 명제')가 반드시 무수히 존재한다는 뜻으로 풀이된다. 요컨대 산술의 어떤 진리는 모순이 없는 형식 체계 안에서 그것이 참인지 거짓인지를 결코 결정할 수 없다는 것이다. 그러므로 참이 되는 모든 명제를 증명

67) '괴델의 불완전성 정리', 『두산세계대백과사전』, 두산동아, 2001.
68) 더글러스 호프스태터 지음, 박여성·안병서 옮김, 『괴델, 에셔, 바흐: 영원한 황금 노끈』, 까치글방, 2017, 30쪽.
69) 요시나가 요시마사 지음, 임승원 옮김, 『괴델·불완전성 정리』, 전파과학사, 2000, 181쪽

할 수 없다는 의미에서 산술의 형식 체계는 본질적으로 불완전하다. 바꾸어 말하자면 산술의 형식 체계가 모순을 갖지 않으면 모든 명제의 진리를 증명해 낼 수 없다. 이와 같이 괴델은 비교적 간단한 수학적 체계인 산술의 형식 체계조차 불완전함을 입증함으로써, 공리계에 바탕을 둔 모든 수학적 체계가 본질적으로 불완전함을 보여 주었다. 다시 말해서 괴델의 정리는 『수학의 원리』와 형식주의의 아이디어에 제시된 방법으로는 절대로 수학적 체계의 무모순성이 증명될 수 없음을 선언한 것이다".[70]

천재 수학자 괴델이 발표한 "불완전성 정리의 논증은 아주 복잡하고 상세하다. 그러나 중심이 되는 아이디어는 매우 단순하고 심원하다. 괴델은 간단한 산술의 특성을 이용하여 '나는 증명될 수 없다'와 같이 자기 자신을 증명할 수 없는 논리식을 구성하는 데 성공하였다. 이 논리식이 '결정 불능 명제'의 멋진 본보기임을 이해하는 지름길은 '에피메니데스 패러독스' 또는 '거짓말쟁이 역설'이라고 알려진 고대 그리스의 역설에서 찾아 낼 수 있다".[71]

기원전 6세기경 크레타 섬에 살았던 그리스의 철학자 에피메니데스는 자기를 언급하는 진술에 관한 문제를 제시하였다. 그는 "모든 크레타인은 거짓말쟁이이다"라고 말하였는데, 이 명제는 오랜 세월 동안 철학자들의 골치를 아프게 했다. 그 까닭은 이 명제가 그 자체로는 아무 모순이 없지만 동시에 참도 되고 거짓도 되는 기묘한 결과를 낳기 때문이다.

---

70) 이인식, 『사람과 컴퓨터』, 까치, 1996, 443쪽.

71) 앞의 책, 443쪽.

우리는 보통 모든 의미 있는 진술은 참이거나 거짓이어야 한다고 가정한다. 만일 에피메니데스의 말이 참이라면, 그는 크레타인이므로 그의 말은 거짓이 되고 만다. 만약 그의 말이 거짓이라면, 그 자신도 역시 크레타인이므로 그의 말은 참이 된다. 따라서 그의 말을 참이라고 결정하면 거짓이 되고, 거짓이라고 결정하면 참이 되기 때문에 논리적으로 참과 거짓을 결정할 수가 없게 된다.

괴델이 산술의 특성을 이용하여 구성해 낸 "'나는 증명될 수 없다'라는 논리식 역시 에피메니데스의 패러독스와 같은 맥락에서 이해될 수 있다. 가령 이 논리식이 거짓이라면 증명이 가능하지만 산술의 형식 체계는 거짓의 명제를 포함하게 된다. 그러나 이 논리식이 참일 경우에는 증명이 불가능하다. 요컨대 산술의 형식 체계 내부에는 참이지만 증명이 불가능한 명제(결정 불능 명제)가 존재하게 되는 것이다. 이와 같이 괴델은 자신이 구성해 낸 논리식을 통해 산술의 형식 체계가 본질적으로 불완전함을 논증함으로써 모든 수학적 체계가 본질적으로 불완전하다는 결론에 도달했던 것이다".[72]

3) 불완전성 정리의 영향과 의의

괴델의 불완전성 정리는 수학적 체계의 불완전함을 증명하였을 뿐만 아니라, 수학적 추론의 한계, 즉 인간 이성의 한계를 잘 보여 주고 있다. 이러한 사실을 통해 우리는 수학적 체계뿐만 아니라 인간의 이

---

72) 앞의 책, 444쪽.

성에 의해 구축된 모든 인식 체계, 학문 체계가 다 자기모순을 안고 있으며, 따라서 그것들은 모두 불완전하고 한계적임을 분명히 알 수 있다.

"일찍이 칸트는 철학의 임무를 '이성 능력 일반의 비판, 즉 이성의 원천, 범위 및 그 한계를 규정하는 일'이라고 보았으며, 더구나 이것이 '일체의 경험에 관계없이 원리에 의하여 이루어지지 않으면 안 된다'고 술회했다. 괴델은 '칸트의 꿈은 얄궂은 결과이기는 했으나 자의대로 실현시킨 셈이다'라고 했다.

우리가 생명이 있는 이상 암 유전자를 배제하지 못하는 것과 마찬가지로 수학에 모순이 없다는 것을 증명할 수는 없다. 학문이 뒤져 있거나 학자가 무능력하기 때문은 결코 아니고, 원리적으로 불가능할 뿐이며, 따라서 그것은 영원히 증명할 수 없는 것이다. 괴델의 불완전성 정리는 인간 이성에 대한 무조건적인 신앙에 결정적인 충격을 가하여 그 한계를 명확히 밝혔다고 볼 수 있다. 결국 괴델의 불완전성 정리는 수학계뿐만 아니라 사상계를 크게 그늘지게 하였다".[73]

그러나 또 다른 한편으로 괴델은 불완전성 정리의 증명을 통해 인간의 이성의 한계를 이성 스스로의 능력에 의해 밝혀 낼 수 있었다는 점에서 20세기 서구 지성계의 전통에 패배와 좌절보다는 오히려 긍지와 영광을 안겨 준 것으로 평가되기도 한다. 이 불완전성 정리는 수리논리학을 비롯하여 철학, 언어학, 논리학, 컴퓨터 과학, 인지과학, 물리학 등의 학문에도 커다란 영향을 주었고 지금까지도 그 영향이 지속되고 있다.

---

73) 요시마사 요시나가 지음, 양준환 옮김, 『과학과 철학, 두 개의 거울』, 국제, 1994, 91쪽 참고.

괴델의 불완전성 정리가 우리에게 던지는 메시지는 무엇일까? 우선, 수학적·논리적 추론을 통해서 모든 문제를 해결할 수 있을 것이라고 생각하는 터무니없는 자만심을 버려야 한다는 것이다. 부분적이고 한계적인 인간의 이성의 산물인 수학을 포함한 모든 학문들을 통해서는 결코 어떤 궁극적인 결과에 도달할 수 없고, 그것들은 단지 영원한 과정일 뿐이라는 것이다.

괴델의 불완전성 정리를 통해서 우리가 배울 수 있는 또 한 가지 중요한 사실은 그 어떤 수학 법칙이나 이론이라 하더라도 그것들에 영원불변의 절대성을 부여하지 말라는 것이다. 우리가 수학 법칙과 이론들에 영원성과 절대성을 부여하는 순간 오히려 그 본래의 실용적 가치와 의미를 상실하고 공허한 관념으로 전락하고 만다. 이는 수학 법칙이나 이론에만 국한되는 것이 아니라 그 밖의 다른 모든 이론이나 법칙에도 똑같이 해당되는 것이다. 붓다의 가르침이라고 해서 예외일 순 없다. 그리하여 붓다는 어떠한 이론이나 견해라고 하더라도 그것들을 영원한 것으로 절대화하는 것을 신중하게 피하였으며, 그것들에 집착하지 말라고 누누이 당부하였던 것이다.

여기서 한마디 덧붙이자면, 불교적 관점에서 볼 때 괴델의 '불완전성 정리' 역시 다른 모든 이론이나 법칙들과 마찬가지로 한계적이고 불완전한 것일 수밖에 없으며, 따라서 불완전성 정리를 통해 그것이 말하고자 하는 의미를 알았으면 이제 불완전성 정리에 대한 집착에서도 떠나야 한다는 것이다. 그렇지 않고 계속 거기에 집착하고 매달린다면 그것은 커다란 오류를 범하는 것이다. 어떤 하나의 이론이나 견해를 영원불변의 진리로 집착할 때 우리는 곧바로 독단의 함정에 빠지고 만다.

4) 수학은 불변의 진리가 아니다

수학은 비판의 여지가 없는, 그리고 무조건 받아들여야만 하는 절대적인 진리가 아니다. 많은 과학 이론들이 마치 사실의 체계인 것처럼 과학의 권위를 빙자하여 우리에게 강요되지만 알고 보면 그것들은 단지 과학자들의 주장일 뿐이듯이, 모든 수학 이론이나 명제들도 또한 사실의 체계, 진리의 체계가 아니라 단지 사실을 극단적으로 추상화하여 정교하게 체계화시켜 놓은 관념의 체계이고 가상의 체계일 뿐이다. 진리는 인식할 수 없고 언어나 기호로 나타낼 수 없다는 측면에서 볼 때, 그 어떤 수학 이론이나 명제도 진리 자체의 표현은 아닌 것이다.

수학을 불변의 진리라고 믿는 사람들이 의외로 많다. 하지만 과연 그럴까?

"인류가 처음으로 셈하는 법을 배우게 된 뒤부터 오늘날까지 수학자들은 수, 점, 삼각형과 같은 수학적 대상의 본질에 관하여 궁금증을 갖고 있었으나 몇 가지 기본적인 문제는 아직까지 해결되지 않고 있다. 그중에서 가장 중요한 문제는 수학적 대상의 존재 여부에 관한 궁금증이다. 이 문제는 한마디로 수학자가 내놓은 결과가 발명인가 아니면 발견인가 하는 질문으로 귀착된다".[74]

먼저 수학을 발견으로 보는 사람들은 수학을 자연을 기술하는 언어일 뿐만 아니라 자연 그 자체에 내재하는 것으로 믿었다. "그들은 인간의 경험을 초월하는 수학적 대상이 실제로 존재하고, 수학의 진리성이 현실 세계의 밖에 있다고 생각하였기 때문에 수학자들은 오로

---

74) 이인식, 『사람과 컴퓨터』, 까치, 1996, 466쪽.

지 직관에 의하여 수학적 대상으로부터 진리를 발견하게 될 따름이라고 주장하였다. 반면에 수학을 발명으로 보는 사람들은 수학적 대상은 인간의 마음에 의하여 구성된 개념일 따름이며, 수학적 대상의 실체는 없다고 주장하였다".[75]

앞에서 자세히 살펴보았듯이, 고정불변의 실체로서 존재하지 않는 세계 속의 모든 존재들과 마찬가지로 수학적 대상들도 똑같이 그 실체가 없으며, 수학의 확고부동한 토대 또한 없다. 사실 수학뿐 아니라 과학에서도 역시 확고하고 튼튼한 토대를 찾을 수가 없다. 토대 없는 과학에 대하여 과학철학자 장하석은 다음과 같이 말하고 있다.

"지식의 토대를 찾으려는 작업에서 인식론은 많은 어려움을 겪었다. 예컨대 데카르트의 고민, 측정 기준 설립의 어려움, 패러다임의 붕괴 가능성 등은 모두 지식의 튼튼한 토대란 없다는 것을 뼈저리게 느끼게 해 주었다. 토대라는 개념은 확실성을 내포하고 있다. 좋은 토대는 단단하기 때문에 아무리 충격을 주고 흔들어도 움직이지 않고 그 위에 믿고 건물을 지을 수 있다. 그런데 과학철학 연구를 조금이라도 하다 보면 과학에 그런 토대는 없다는 것이 금방 드러난다. 이론도 관측도 확실한 것은 없다."[76]

이와 같이 수(數)나 기호는 모두 인간이 발명한 것이며, 따라서 수학적 대상의 실체는 없고, 엄밀하고 확고부동한 수학의 기초나 토대 또

---

75) 앞의 책, 466, 468쪽 참고.
76) 장하석, 『장하석의 과학, 철학을 만나다』, 이비에스미디어, 2018, 184쪽.

한 없다. 만일 수학이 사실들을 극단적으로 추상화한 수나 기호로 이루어진 가상의 체계이고 관념의 체계일 뿐이라고 한다면, 그러한 수학을 토대로 해서 눈부신 발전을 이룩한 과학도 또한 마찬가지로 수많은 가설들로 이루어진 가설의 체계일 뿐이다. 모든 과학 이론들이 단지 가설의 체계에 불과하다는 것은 주지의 사실이다.

5) 수학의 한계성과 유용성

부분적이고 한계적인 인간의 이성적 능력으로써는 모순 없는 완전한 이론의 정립은 불가능하다. 또한 분별을 본질로 하는 언어로 표현된 그 어떠한 이론이나 법칙이라 하더라도 자체 내에 필연적으로 심각한 결함과 모순을 내포할 수밖에 없으며 따라서 한계적이다. 그러므로 우리는 그것들을 통해서는 항상 사물과 사실들에 대한 부분적이고 근사적(近似的)인 이해에 이를 수 있을 뿐인 것이다.

엄밀히 말해 과학의 세계에는 고정불변의 정설(定說)이란 있을 수 없다. 오늘날 많은 과학자들이 무모순의 정설을 찾기 위해 고군분투하고 있지만, 과학적 탐구를 통해서는 결코 그러한 정설에 도달할 수 없다. 굳이 '불완전성 정리'를 언급하지 않는다고 하더라도 부분적이고 한계적이며 불완전한 인간 이성의 산물인 수학이나 과학을 통해서는 결코 진리에 도달할 수 없다는 사실만큼은 분명한 것이다. 이와 같이 수학이나 과학을 통해서는 결코 존재의 참모습, 곧 실상에 도달할 수 없기 때문에 그것들은 결코 사실의 체계, 진리의 체계가 되지 못하고 언제나 가상의 체계, 관념의 체계로 남을 수밖에 없는 것이다.

그러나 이와 같이 수학이 가상의 체계이고 관념의 체계일 뿐이라고 해서 그것이 곧 수학은 전적으로 무익하다거나 아무 쓸모없다는 얘기는 결코 아니다. 수학은 실용적인 쓰임이 많다. 집이나 건물을 짓거나 혹은 자동차, 컴퓨터, 전자제품 등의 물건이나 상품을 만드는 데 매우 중요하게 이용된다. 언어와 마찬가지로 수학은 우리의 실생활에 없어서는 안 될 필수적인 도구이자 수단으로서 수많은 영역에서 매우 유용하게 쓰이고 있다.

수학은 또한 자연과학과 달리 매우 추상적이며 경험 세계와 무관한 인간 사유의 관념적인 결과이지만, 그럼에도 불구하고 변화하는 자연 현상을 다루는 자연과학은 방법론상으로 수학적 체계를 도구로 사용하고 있다. 따라서 진리만이 유용하고 가치 있다는 생각은 버려야 한다. 언어가 없는, 또 수학이 없는 세상을 한번 상상해 보라. 지금까지 인류가 쌓아 온 모든 업적이 한순간에 그 기반에서부터 와르르 무너지고 말 것이 아니겠는가?

지금까지 살펴본 바와 같이 과학이나 수학을 통해서는 결코 진리의 실상에 도달할 수 없다고 하는 사실을 분명히 알 수 있다. 그렇다고 해서 모든 과학적·수학적 탐구와 노력이 전적으로 무의미하고 아무런 쓸모가 없다는 의미는 아니다. 그러한 극단적 인식과 태도는 과학적·수학적 지식만이 최고이고 전부라는 인식과 마찬가지로 한쪽에 치우친 편협한 사고일 뿐이므로 마땅히 지양되어야 한다. 그러므로 우리는 과학적·수학적 사고에 전적으로 매달리거나 맹신하지도 말아야 하겠지만, 또한 그것들을 무시하거나 부정하는 일 없이 그것들의 실용적인 가치와 유용성을 보존하고 발전시켜 나가는 데 더욱 힘써야 할 것이다.

3. 과학과 수학을 하되
그것들에 얽매이지 않아야 한다

붓다는 항상 그 어떤 이론이나 견해에도 집착하지 말 것을 강조하였다. 붓다는 모든 견해와 이론들이 갖는 모순성과 한계성을 철저히 자각하고 있었기 때문에 그것들에 집착하지 말라고 한 것이다.

그리하여 붓다의 가르침대로 모든 이론과 견해에 대한 집착에서 떠났다면, 이제 "모든 이론과 견해에 대한 집착에서 떠나라"고 하는 이 말 자체도 잊어버려야 한다. 그렇지 않고 이 말에 계속 집착하고 매달린다면, 그는 아직 모든 이론과 견해에 대한 집착에서 완전히 떠난 것이 아니다.

만일 우리가 "모든 이론과 견해에 대한 집착에서 떠나라"고 하는 가르침을 통해 모든 이론과 견해에서 떠나게 되었다면, 우리는 이제 이 말에서도 떠나야 한다. 만약 우리에게 어떤 이론과 견해도 없다고 한다면 이 말이 더 이상 무슨 필요가 있겠는가? 즉, 어떤 견해가 하나라도 있어야 그것에서 떠나든지 말든지 할 게 아니겠는가? 그래서 우리에게 어떤 이론이나 견해가 남아 있지 않다면, 이제 이 말은 아무 쓸모가 없기에 이 말조차도 잊어버리라는 것이다.

이와 같이 "모든 이론과 견해에 대한 집착에서 떠나라"는 말대로 행하여 우리가 모든 이론과 견해에서 떠나게 되었다면, 결국에는 이 말

자체에서도 떠나게 되는 것이다. 다시 말해 다른 사람들이 주장한 그 어떤 이론이나 견해에도 집착하지 않을 뿐만 아니라, 그 자신조차도 어떤 이론이나 견해를 가지고 있지 않기 때문에 더 이상 이 말이 필요 없게 되는 것이다. 마치 나무가 울창한 숲속에서 길을 잃은 나그네가 우연히 만난 산사람의 말에 의지해 숲속을 무사히 벗어나게 되었다면 산사람의 말이 더 이상 필요 없는 것처럼, 붓다의 가르침대로 행함으로써 모든 이론과 견해에 대한 집착에서 완전히 떠난 사람은 "모든 이론과 견해에 대한 집착에서 떠나라"고 하는 말은 더 이상 필요 없게 되는 것이다.

이러한 사실을 잘 나타내 주는 예화가 있다.

어느 날 한 스님이 조주 선사에게 물었다.
"무엇에도 *끄달리지 않을 때는 어떻습니까?*"
이에 조주 선사가 대답했다.
"*응당 그래야 할 것이다.*"
그 스님이 다시 물었다.
"*그것이 바로 학인(學人)의 본분입니까?*"
그 스님의 말을 듣자마자 조주 선사가 곧바로 경책했다.
"*끄달리는구나, 끄달려!*"

여기서 이 스님은 세상의 온갖 잡사와 번뇌에 *끄달리지 않아야* 한다는 것을 잘 알고 있었다. 즉, 그는 그 무엇에도 *끄달려선* 안 된다고 하는 사실을 마음속에 깊이 아로새기고 있었던 것이다.

그러나 조주 선사의 말에서 알 수 있는 것처럼, 그 스님은 그러한 사실을 충분히 인식하고 있었음에도 불구하고 현실에서의 그는 여전히 끄달림에서 벗어나지 못하고 있으며, 따라서 그와 같이 '끄달려선 안 된다'는 생각조차 완전히 벗어던질 때 비로소 그 무엇에도 끄달리지 않을 수 있다는 것을 보여 주고 있는 것이다.[77]

여기서 우리가 알아야 할 것은, 끄달리지 않음에 대해 아는 것과 실제로 무엇에도 끄달리지 않는 것은 그 차원이 전혀 다르다는 점이다. 다시 말해 끄달리지 않음에 대한 단순한 이해의 수준에서는 여전히 분별심과 집착이 남아 있지만, 깨달음의 수준에서는 모든 분별과 집착이 완전히 사라지고 없다는 것이다.

모든 집착과 이원적 분별심에서 벗어나 그 무엇에도 끄달리지 않는 사람은 '끄달려선 안 된다'는 생각조차 가지고 있지 않다. 하지만 이 스님처럼 끄달림에서 완전히 벗어나지 못한 사람들은 '끄달려선 안 된다'는 생각이 거의 언제나 마음속에서 떠나질 않는다. 왜냐하면 자신의 생각처럼 그 무엇에도 끄달리지 말아야 함에도 불구하고 현실에서의 그는 그러지를 못하고 항상 어떤 것에 끄달리고 말기 때문이다. 모든 것들에 대한 집착을 끊고 마음을 비워야 하는데도 불구하고 그러지를 못하기에 항상 마음속으로 '끄달려선 안 돼', '끄달리지 말라'고 주문을 외듯이 끊임없이 자기 자신을 타이르고 질타한다는 말이다. 그러나 모든 집착에서 벗어난 사람은 더 이상 그 어떤 것에 대한 집착도 남아 있지 않기에 '끄달려선 안 된다'는 생각조차도 완전히 사라지고 없다는 것이다.

---

77) 이진경, 『수학의 몽상』, 푸른숲, 2000, 166쪽 참고. 앞쪽에 나오는 선문답은 조주 선사의 어록인 『조주록』에 실려 있는 내용이다.

오늘날 세상 사람들이 철석같이 믿고 의지하고 있는 수학이나 과학은 세상의 이치에 도달하는 길이지만, 수학이나 과학에 과도하게 집착하고 매달린다면 우리는 결코 실상에 도달하지 못하게 될 것이다. 수학이나 과학을 하되 그것들에 얽매여서는 안 된다. 수학이나 과학은 진리에 이르기 위한 여러 가지 방편 중 하나지만, '끄달리지 않아야 한다'는 생각조차 완전히 벗어던질 때 비로소 끄달리지 않을 수 있는 것처럼, 수학이나 과학에 대한 집착에서 벗어날 때 비로소 진리에 이를 수 있는 것이다. 수학이 되었든 과학이 되었든, 혹은 다른 그 무엇이 되었든 — 심지어 붓다의 교법들이라 할지라도 — 그것들에 매여 있는 한 우리는 결코 진리에 도달하지 못한다는 것만은 분명하다.

붓다는 항상 모든 분별과 집착에서 떠날 것을 가르쳤으며, 저 유명한 '뗏목의 비유'를 통해 자신이 설한 교법들에 대한 집착에서도 떠나라고 하였다. 만일 우리가 한계적이고 불완전한 언어로 표현된 모든 이론과 견해들에서 떠나야 한다면, 이와 동일한 의미에서 언어와 사유를 넘어선 것들 — 예를 들면 불교의 근본 개념들인 연기, 무아, 공, 중도, 열반 등 — 에도 집착하지 말아야 한다. 그것들에 집착하는 한 우리는 여전히 모든 분별과 집착에서 완전히 떠난 것이 아니기 때문이다. 그러므로 모든 이론과 견해에 대한 집착에서 벗어남은 물론 궁극적인 것으로 간주되는 붓다의 모든 교법들에 대한 집착에서도 떠날 때 비로소 우리는 있는 그대로의 존재의 실상에 도달할 수 있게 될 것이다.

VII.

중도 사상에 기초한
올바른 언어 인식

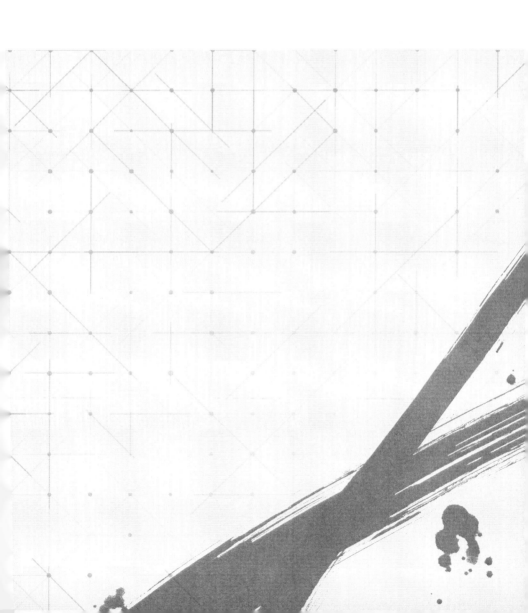

붓다는 다른 모든 것들과 마찬가지로 개념이나 언어도 영원불변하거나 소멸 불가능한 것으로 여기지 않았다. 또한 붓다는 언어적 표현이 갖는 한계성과 모순성을 철저히 자각하고 있었기 때문에 항상 언어로 표현된 모든 이론과 견해에 대한 집착에서 벗어날 것을 강조하였다.

그렇지만 중도를 중시하는 붓다는 언어를 무조건 배척하거나 부정해야 할 대상으로 여기지 않았다. 언어에 대한 이 같은 붓다의 융통성 있고 유연하며 신중한 태도를 계승한 많은 불교 사상가들은 언어적 표현이 안고 있는 한계성과 모순성을 명확히 알고 있었지만, 또한 언어의 유연성과 유용성을 확보하고 그 실용적 가치를 보존하고 발전시켜 나가는 일에도 끊임없는 노력을 기울였던 것이다.

흔히 오해하듯이 불교의 중심 사상인 연기와 공 사상이 무조건 언어와 논리를 배척하고 부정하는 것이라는 선입견을 버려야 한다. 비록 동아시아에서 융성한 선불교의 영향을 받은 이후로 언어에 대한 경시 풍조가 비교적 널리 퍼져 있지만, 그것은 일부에 국한되는 현상일 뿐 붓다 본래의 가르침과는 거리가 먼 것이다.

붓다는 언어에 대한 집착에서 벗어나라고 하였지, 결코 언어를 부정하거나 버리라고는 하지 않았다. 언어는 우리 인간에게 없어서는 안될 삶의 소중한 도구이고 필수적인 수단일 뿐만 아니라, 우리가 진리를 추구해 나가는 데 있어서도 논리와 언어는 필수불가결한 것이기도 한 것이다.

따라서 언어는 비록 사물의 본래 모습을 있는 그대로 온전히 나타내 주지 못하는 한계를 지니고 있다고 할지라도 언어를 무조건 부정하거나 배척해서는 안 되며, 극단에 치우친 모든 태도와 입장을 단호히 배격하는 붓다의 가르침을 통해 올바른 언어관을 다시 회복함으로써 언어에 대한 그릇된 편견과 치우친 시각을 바로잡을 수 있도록 해야 할 것이다.

1. 인간과 언어

　언어는 우리 인간에게 없어서는 안 될 필수불가결한 도구이다. 언어의 발달과 인식 능력의 발달은 마치 동전의 앞뒷면과 같아서 서로 분리시켜 생각할 수 없다. 일정한 수준의 인식 능력이 언어의 사용을 가능케 하는 반면, 언어의 사용은 다시 인식 작용을 새로운 차원으로 고양시키기 때문이다.

　언어는 대상을 지시해 주고, 우리의 사고를 크게 확장하고 고양시켜 새로운 앎의 세계로 인도하기도 한다. 또한 타인과의 의사소통을 원활하게 해 줄 뿐만 아니라, 당대에 획득한 방대한 양의 정보를 후대에 전달할 수 있도록 함으로써 그러한 축적된 정보를 바탕으로 하여 한 단계 발전된 문명을 건설하는 데 크게 이바지하기도 하였다. 인류가 고도의 지적 문명을 발전시킬 수 있었던 것도 언어의 역할에 힘입은 바가 크다고 할 수 있다.

　이와 같이 인류의 위대한 지적 문화유산 가운데 하나인 언어의 가치와 중요성에 대해서는 아무리 강조해도 지나침이 없다. 그런데 한 가지 흥미로운 사실은, 동양과 서양에서 언어에 대한 태도는 너무도 극적인 대조를 이룬다는 점이다. 대체적으로 볼 때 전통적으로 서양 사상가들은 언어에 대한 신뢰와 자신감에 차 있었던 데 반해[78] 동양

사상가들은 대체로 언어를 불신하였고, 그들이 언어를 다루는 방식은 단지 뜻하는 바를 얻기 위한 수단적 방편에 지나지 않았다.

사실 언어만이 아니라 인간의 이성에 대한 깊은 신뢰는 플라톤 이래로 변함없이 지속되어 온 서양 철학의 오랜 전통이기도 했다. 18세기에 칸트가 이성의 한계에 대해 명확한 선을 긋기 전까지 그들은 현상의 배후에 놓인 실재는 오직 이성을 통해 파악 가능하다는 끈질긴 유혹과 환상에 젖어 왔었다. 이 같은 인간의 이성적 사유와 언어적 표현에 대한 군건한 믿음은 서양인의 의식 세계를 떠받쳐 온 핵심 지주라고 할 만하다.

이와는 대조적으로 흔히 동양의 현자들은, 인간의 이성은 진리를 통찰하는 힘을 줄 수 없으며, 모든 언어적인 진술들과 언어적 명제들은 진리에 대해 잘못된 견해를 줄 뿐이라고 하였다. 다시 말해 상대적인 세계의 한 부분일 수밖에 없는 우리의 사유 체계를 통해서는 존재의 참모습(실상)을 올바로 파악할 수 없을 뿐만 아니라, 그것은 우리의 언어나 개념의 근원이 되는 감각이나 지성의 영역 밖에 있는 것이기 때문에 말로써 적절히 기술될 수 없다는 것이다.

이와 같이 진리는 결코 고정된 개념화 작업에 의해 파악될 수 없다고 하는 동양 사상가들의 확고부동한 태도는 곧 언어와 논리의 세계에 대한 강한 불신을 뜻한다. 그러나 인간의 언어와 사유가 비록 한계적이고 불완전하며 많은 문제점을 내포하고 있다고 하더라도 그것들을 전적으로 무익하거나 공허한 것으로 간주해서는 안 된다. 우리가

---

78) 언어적 표현에 대한 과신(過信)이 희랍(그리스) 사람들의, 그리고 희랍적 전통을 계승한 중세기 사상가들의 철학과 자연학을 크게 손상시킨 주범이었다는 것은 널리 알려진 사실이다(A. N. 화이트헤드 지음, 오영환 옮김, 『과정과 실재』, 민음사, 1991, 63쪽).

진리를 추구해 나가는 과정에서도 논리적이고 추론적인 작업은 필수적이기 때문이다.

2. 인간의 언어와 사유의 한계

언어는 우리의 삶에 필수불가결한 요소인 것은 분명하지만, 인간의 사유 작용과 마찬가지로 그 역시 뚜렷한 한계가 있다는 사실을 분명히 알 필요가 있다. 언어는 우리에게 없어서는 안 될 삶의 유용한 도구로서의 역할을 충실히 수행하기도 하지만, 동시에 순간의 멈춤도 없이 시시각각 변화하는, 결코 고정된 것으로 포착할 수 없는 사물을 실체화, 추상화, 관념화함으로써 사물의 참모습과 본질을 왜곡하고 흐리는 부정적 역할을 수행하기도 한다. 즉, 사실을 올바로 표현해 주고 정보를 효과적으로 전달해 주는 유용한 도구가 되어야 할 언어가 거꾸로 사실을 왜곡하고 진실을 호도하는 커다란 지적 장애물이 되고, 나아가 진리를 덮어 버리는 장막이 되기도 한다는 것이다. 따라서 우리 인간에게 언어는 양날의 칼인 셈이다.

언어가 안고 있는 이러한 근본적인 문제와 한계성은 특히 현대 물리학자들에게 커다란 두통거리가 되기도 하였다. 20세기에 들어와 물리학자들은 우리가 자연을 기술하기 위해 사용하고 있는 모든 개념들에 한세가 있다는 사실을 비로소 깨닫게 되었는데, '불확정성 원리'를 주장한 하이젠베르크는 뉴턴 물리학으로는 설명이 불가능한 양자 세계의 불가해한 리얼리티를 달리 말로 표현해 낼 수 없는 언어나 개념의 한계에 대해 이렇게 토로하고 있다.

"아무리 명료하게 보이는 말이나 개념도 그 모두가 적용의 범위에 있어서는 꼭 어느 한계가 있는 법이다."[79)]

"세계에 관한 경험을 기술하는 데 사용되는 개념이나 기호는 오직 그 경험의 제한된 문맥 속에서만 올바르고, 그것을 벗어나면 사용할 수 없다는 것을 우리는 잊어서는 안 된다. 그것들은 세계의 유용한 단순화로서 그것들이 나타내고 있는 좀 더 복잡한 실재와 결코 혼동해서는 안 된다. 우리의 공통된 지적 오류 가운데 하나는 '개념'을 그 것이 나타내는 '실재'와 혼동하는 일이고, 또한 그것을 고유한 올바른 영역을 넘어서 사용하는 일일 것이다."[80)]

언어의 한계는 곧 사고의 한계이기도 하다. 인간의 사유 작용은 언제나 언어와 떨어질 수 없는 불가분의 관계에 있다. 인간의 사유는 항상 언어를 매개로 하여 성립하기 때문에 언어 자체의 본래적 한계성으로 인해 사유 작용 또한 제한을 받을 수밖에 없다. "현대 언어철학에서는 인간의 사고와 언어의 관계를 다각적으로 분석하고 있는데, 우리의 사고가 언어라는 매개체를 통하여 성립하며, 궁극적으로 그 매개체의 한계를 벗어나지 못함을 말하고 있다."[81)]

79) 프리초프 카프라 지음, 이성범·김용정 옮김, 『현대물리학과 동양사상』, 범양사출판부, 1990, 39쪽.

80) 핸버리 브라운 지음, 김동광 옮김, 『과학, 인간을 만나다』, 한길사, 1994, 205, 264쪽 참고.

81) 김용옥, 『동양학 어떻게 할 것인가』, 통나무, 1992, 266쪽. 그뿐만 아니라 모든 개념적 사유는 자신을 규정함에 있어 자기 이외의 것을 배제한다. 달리 말하면, 한 사물에 대한 규정은 사실상 다른 것을 부정하는 행위로서 적극적으로 자신의 내용을 갖지 못한다. 예를 들어 변화는 자기 동일성의 부정이며, 자기 동일성은 변화의 부정이다. 인간의 개념적 사유는 본질적으로 이 같은 태생적 오류와 한계를 가지고 있는 것이다(한국철학사상연구회, 『우리들의 동양철학』, 동녘, 1997, 164~165쪽).

여기서 우리 인간의 인식의 한계에 대해 한번 살펴보도록 하자. "우주에 한계가 있는가, 없는가? 만일 우주에 한계가 있다면 그 밖에는 무엇이 있겠는가? 우주에 시작이 있었는가, 없었는가? 우주에 종말이 있는가, 없는가? 만일 우주에 시작과 끝이 있다면 그 시작 이전은 어떻게 이해할 수 있겠는가?

존재 전체로서의 우주를 이처럼 생각할 때, 우리는 칸트가 지적했듯이 무한과 유한, 시작과 끝 등의 개념을 이해함에 있어 이성의 한계뿐만 아니라 자기모순을 의식하게 된다. 이와 같이 '존재 전체'라는 말은 개념적으로 의미를 갖는 것 같지만, 막상 그것을 구체적 상황에 적용해서 좀 더 구체적으로 이해하려 하면 우리는 논리적 혼동으로 인해 당황할 수밖에 없다. 우리는 그것을 인식할 수 없을 뿐만 아니라 머릿속에 정확히 생각조차 할 수 없다. 왜냐하면 모든 인식은 언제나 다른 것과 구별될 때 비로소 가능하기 때문이다. 따라서 인간의 인식 대상은 필연적으로 부분일 수밖에 없는 것이다."[82]

이와 같이 인간의 인식과 의식이 가지고 있는 근본적인 한계성으로 인해 우리가 존재 전체로서의 우주를 인식하거나 묘사하려 할 때면 언제나 지성적 사유로써는 해결하기 힘든 역설적 상황에 봉착하지 않을 수 없다. "우리는 이런저런 사실들을 묘사할 수 있지만, 어느 누구도 전체로서의 우주에 대해서는 결코 말할 수 없다. 왜냐하면 우주란 사실들의 총체이며 그래서 역설을 범하지 않고는 사실들의 총체도 그 자체 사실이라고 주장할 수 없기 때문이다.

이렇게 볼 때 우리가 언어로 기술할 수 있는 그 어떠한 명제도 존재

---

82) 박이문, 『문명의 미래와 생태학적 세계관』, 당대, 1997, 40~41쪽 참고.

전체로서의 우주에 관한 명제가 아니라고 할 수 있다. 이는 곧 어떠한 사유도 전체로서의 우주에 관한 사유가 아니라고 말하는 것과 같다. 그런데 만약 우리가 그러한 사유를 가져보고 싶어 한다면 그것은 곧 생각할 수 없는 것을 생각하고자 하는 것이며, 또한 알 수 없는 것을 알기 원하는 것이다. 따라서 분석 철학자 비트겐슈타인이 명확히 지적한 바와 같이, 존재 전체로서의 우주에 대해 알아보려는 우리의 간절한 열망은 결국 실망으로 끝나기 마련이다".[83]

프랭크 허버트(Frank Herbert)는 『모래 언덕(Dune)』에서 "인간의 무의식 깊숙이에는 의미 있는 논리적 우주에의 갈구가 널리 퍼져 있다. 그러나 실제적인 우주는 언제나 논리를 한 걸음 넘어선 곳에 있다"[84]라고 설파하였는데, 우주는 결코 인간의 지성적 논리의 틀 안에 가둘 수 없다는 사실을 한마디로 잘 대변해 주는 말이다. 만일 우리의 논리의 틀 안에 우주를 가둘 수 있다면, 그러한 우주는 이미 본래의 모습과는 거리가 한참 먼 것이 될 뿐이다(이런 관점에서 본다면 '빅뱅 이론'을 비롯한 우주의 생성을 설명하는 모든 과학 이론들은 그 어떤 것도 우주 자체에 대한 올바른 설명이라고 할 수 없을 것이다). 결국 논리적 우주에 대한 인간의 간절한 기대와 열망은 항상 실망과 좌절로 끝나기 마련인 것이다.

이와 같이 존재 전체로서의 우주가 되었건 사물의 본질적인 속성이 되었건 그것들은 결코 인간의 지성과 논리로써는 담아 낼 수 없는 것이다. 게다가 사물의 본질적인 속성이 지성으로 분석될 때마다 그것

---

83) 엄정식 편역, 『비트겐슈타인과 분석철학』, 서광사, 1990, 93쪽 참고.

84) 에리히 얀치 지음, 홍동선 옮김, 『자기조직하는 우주』, 범양사출판부, 1995, 421쪽.

은 언제나 불합리하거나 역설적인 것으로 보이게 마련이다. 나가르주나는 『중론』 제18장에서 "존재의 참된 상태는 설명할 수 없고 불가해하며, 사유와 언어의 영역을 넘어서 있다"라고 말하고 있다. 존재의 참모습(실상)은 사유 작용에 의해 파악될 수 없고, 언어에 의해 묘사될 수 없다는 것이 나가르주나의 한결같은 지론이다. 따라서 우리가 이성적 사유의 지평 너머에 있는 실상을 파악하려 한다면 우리는 반드시 사유 작용을 포기하지 않으면 안 된다. 그러나 이것이 곧 인간의 지성이나 언어가 아무런 쓸모가 없다는 것을 말하는 것은 아니다. 그것들이 비록 한계적이고 불완전하며 궁극적인 것은 아니라고 할지라도 결코 무시되어서는 안 되는 것이다.

우리가 인식 가능한 영역은 언제나 부분에 국한될 수밖에 없고, 언어로 표현 가능한 영역도 또한 마찬가지로 항상 부분에 한정될 수밖에 없다. 그런데도 우리는 장님 코끼리 만지듯 단지 우주의 일부분만을 더듬어 보고서 마치 그것이 우주의 전체적인 모습인 양 착각하는 잘못을 종종 범하게 된다. 다시 말해 사유 작용으로 인식되고 언어로 표현된 것은 언제나 사실의 일부분에 지나지 않는데도 불구하고 우리는 그것을 전체적인 사실인 양 곡해함으로써 부분을 전체화하는 오류를 자주 범하고 만다는 것이다.

상대적인 세계 속의 한 부분일 수밖에 없는 우리의 인식과 논리를 통해서는 결코 있는 그대로의 존재의 참모습(실상)을 올바로 파악할 수도 없고 또 표현할 수도 없다는 사실을 분명히 알아야 한다. 그러므로 우리는 이성적 사유와 논리적 언어에 전적으로 의존하거나 집착하는 일 없이, 반대로 그것들이 한계적이고 불완전한 것이라고 해서 무조건적으로 부정하거나 무시하는 일 없이 생활 세계 속에서 그것들의 유용성과 실용성과 정당한 가치를 확보할 수 있는 길을 모색해 나가야 할 것이다.

　물론 그것은 말처럼 쉬운 일은 아니다. 많은 사람들에게서 흔히 볼 수 있는 것처럼, 언어와 사유라는 울타리 안에 갇혀 있는 한 우리는 결코 사물의 진상을 알 수 없게 될 것이다. 그렇지만 진리는 또한 언어와 사유에 의지해서만 자신을 드러낼 수 있기 때문에 비록 뚜렷한 한계를 가지고 있지만 우리는 그것들을 진리 인식의 유용한 도구로서 활용할 뿐인 것이다.

3. 개념은 인식의 방편일 뿐, 소멸 불가능한 것이 아니다

　인도 문명권이든 중국 문명권이든 동양 문명권에서는 존재의 참모습을 언어로써 고정화시켜 파악할 수 없다는 사실을 일찍부터 파악하고 있었다. 실상은 언어로 표현 불가능한 것이지만, 그렇다고 해서 동양 사상가들은 침묵만을 지키지 않았다. 그들은 언표 불가능한 존재의 실상을 언어로 표현하기 위해 독특한 여러 가지 방법들을 고안해 냈다. "그것들 중의 하나가 부정의 방법론인데 '이것도 아니고, 저것도 아니고…'라고 하면서 개념의 실체를 찾아 나가는 방법이다. 이러한 논법은 특히 도가와 불교에서 두드러지게 나타나고 있는 방법이다".[85] 이와 같이 부정적 방법론을 통해 실재 세계에 접근하는 까닭은 실재 세계를 인식함에 있어서 실체적인 개념의 여지를 남기지 않도록 하기 위함이다.

　개념이나 명칭은 사람들로 하여금 그 대상을 변화하는 사물로서가 아니라 고정된 사물로서, 그리고 일시적인 화합물이 아닌 불변의 실체라고 믿게 하는 힘이 있다. 우리의 삶의 세계는 수많은 언어로 이루어져 있지만, 그것은 사람들의 약속에 의거한 언어적 세계로서 영원히

---

85) 김용옥, 『동양학 어떻게 할 것인가』, 통나무, 1992, 264쪽 참고.

변치 않는 절대 불변의 세계는 아닌 것이다. 그럼에도 불구하고 사람들은 언어를 불변적인 것으로 잘못 생각해 그로 인해 번뇌를 일으키고 있는 것이다.

인생에 한 가지 비극이 있다면, 그것은 방편에 집착하여 목적을 잊어버리는 데 있다. "개념이란 한갓 인식의 방편에 지나지 않음에도 불구하고 우리는 분명히 일시적이고 소멸되기도 하는 '지각'보다는 영원하고 소멸 불가능하다는 인상을 주는 '개념'에 의해서 노예화되기가 더욱 쉽다. 인간의 경험 세계를 흘러가는 것으로 파악한 붓다는 언어 개념도 영원불변의 실재물로 인정하려고 하지 않았다. 이와 비슷하게 현대 서양 사상가들 가운데 윌리엄 제임스(William James)가 지각 대상의 대용물인 개념을 소멸 불가능한 것으로 간주해서는 안 된다고 강력하게 주장한 바 있다."[86]

그렇지만 불교 사상가들이 전적으로 개념을 배척하고 무시한 것은 결코 아니다. 개념에 대한 집착 없이 개념을 사용할 것을 강조하는 붓다의 가르침을 계승한 불교 사상가들은 한결같이 개념의 한계를 명확히 인식하고 있었음에도 불구하고, 동시에 개념의 유연성과 유용성을 확보하기 위해 끊임없는 노력을 기울였다.

---

86) D. J. 칼루파하나 지음, 김종욱 옮김, 『불교 철학사』, 시공사, 1996, 72쪽 참고.

4. 도구로서의 언어

존재의 참모습을 우리의 일상적 언어로 기술할 수 없다는 주장은 불교에서는 이미 확고한 믿음으로 정착되어 있다. 존재의 참모습은 사물을 대상적으로 규정하는 우리의 일상적 언어로는 결코 올바로 표현할 수 없는 것이기 때문에 언어로 표현된 세계는 실상 그 자체가 아닌 것이다. 따라서 그와 같이 우리의 일상적 언어를 빌려서 표현한 세계는 실재 세계를 추상화하여 우리의 관념 속에 고정화시켜 버린 개념화된 세계일 뿐이다.

불교에서 실상은 인식할 수도 없고 또 언어로 표현할 수도 없으며 오직 스스로의 자각, 즉 깨달음을 통해서만 알 수 있다고 한다. 불교에서는 이를 '언어도단(言語道斷) 심행처멸(心行處滅)'이라는 말로 표현한다. 진리의 실상은 언어에 의해서 표현할 수도 없고 또 우리의 인식 능력으로 파악할 수도 없다는 의미이다.

그런데 문제는 실상은 결코 언어로 표현 불가능하다고 하면서 왜 언어에 의존하는가 하는 점이다. 그 이유는 비록 뚜렷한 한계를 가지고 있기는 하지만 언어라는 수단과 방편을 통하지 않고서는 실상을 나타내 줄 방법이 없기 때문이다. 이처럼 언어는 실상 그 자체를 올바로 나타내 주지 못하지만, 실상에 대해 다양한 방법으로 지시하고 안내할 수 있다는 논리가 성립한다. 그러나 동시에 언어는 실상에의 통찰을 방해하는 커다란 장애물이 되기도 한다.

서양 철학사를 통틀어 언어에 대해 가장 철저하게 회의하고 분석한 철학자 비트겐슈타인 역시 언어의 한계에 대해 분명하게 지적하고 있다. "그는 '특정한 경험에 대해서 우리는 말할 수 있지만, 그 밖에 가장 본질적인 측면들을 기술할 수는 없다…. 우리가 말할 수 없는 무엇인가가 있다. 우리는 단지 일반적인 진술만을 할 수 있을 따름이다. 바로 이러한 생각이 우리를 곤경에 빠뜨린다'고 하면서 말로 표현할 수 없는 것이 있으며, 그것에 대해서는 우리는 침묵해야 한다고 말하고 있다. 따라서 도구로서의 언어의 한계에 대해 비트겐슈타인은 '사다리를 딛고 올라간 후에 그 사다리를 던져 버려야 하듯'이라고 말하며 자신의 말을 이해한 사람들은 『논리철학논고』에서 자신이 제시한 철학적 명제들을 모두 무의미한 것으로 인식해야 한다고 경고하기도 한다"[87](이러한 비트겐슈타인의 태도는 저 유명한 '뗏목의 비유'를 통해 자신의 교법들에 대한 집착에서 떠날 것을 천명한 붓다의 태도와 놀랍도록 흡사하다).

이처럼 언어는 우리를 진리(실상)로 인도하기 위한 배와 사다리 같은 도구일 뿐이지, 그 자체로서 진리를 지시하는 것은 아니다. 진리는 개념적 사유로 파악할 수 없을 뿐만 아니라 논리적 언어로 표현할 수도 없다. 부분적이고 한계적인 인간의 사유와 언어로써 진리를 포착하고 묘사하려는 것은 마치 그물로 바람을 잡으려는 것과 같은 어리석은 일일 뿐이다. 진리는 언어라는 그물로는 결코 잡을 수 없다. 언어는

---

87) 『문학비평용어사전(하)』, 새미, 2006, 443~444쪽. 이와 동일한 맥락에서 붓다 역시 도처에서 수냐타(空)를 통찰적 지혜의 최고 높은 경지로 올라가기 위하여 사용하는 사다리같이 사용하였다고 전해 내려오고 있다. 일단 최고봉에 도달한 후에는 그 사다리를 버리게 되는 것이다(자야데바 싱 지음, 김석진 옮김, 『용수의 마디아마카 철학』, 민족사, 1990, 99쪽).

오직 우리를 진리로 이끌어 주기 위한 하나의 수단이요, 도구로서만 기능할 뿐이다. 따라서 언어라는 수단을 통해 목적지인 진리에 도달하는 순간 언어는 잊히게 되는 것이다.

다음과 같은 장자의 말은 언어의 도구적 성격을 잘 이해시켜 준다. 장자는 언어 문자는 어디까지나 의미를 전달하는 수단에 지나지 않는 것이기 때문에 언어를 통해서 의미를 얻으면 언어에 대한 집착에서 벗어나야 한다고 말하고 있다.

> "통발은 고기를 잡기 위한 도구이니 고기를 잡으면 통발은 잊힌다. 올가미는 토끼를 잡기 위한 도구이니 토끼를 잡으면 올가미는 잊힌다. 말은 뜻을 표현하기 위한 도구이니 뜻을 얻으면 말은 잊힌다. 내가 어찌하면 저 말을 잊은 사람과 더불어 말할 수 있으리오!"
>
> - 『장자』 「외물」

장자는 언어를 통발과 올가미에 비유하고 있다. 즉, 목적지에 이르기 위한 수단인 사다리와 뗏목, 또는 고기나 짐승을 잡기 위한 통발과 올가미 같은 도구와 마찬가지로 언어는 단지 의미를 전달하기 위한 수단일 뿐이다. 따라서 물고기나 토끼를 잡았으면 통발과 올가미가 필요 없는 것처럼, 언어를 통해서 의미를 얻었으면 언어를 잊어버려야 한다. 만일 그 뜻을 얻었는데도 구차스럽게 언어라는 수단에 집착한다면 그는 아직 참뜻을 얻지 못한 것이다. 그것은 마치 배를 이용해 가고자 하는 목적지에 도달했는데도 그 배에서 내리지 않고 계속 배 안에 머무르기를 고집한다면, 그는 아직 목적지에 완전히 도착하지 못한 것과 같은 이치이다.

5. 지자불언, 언자부지

진리는 언어로 표현 불가능하다. 진리는 말할 수 없는 것이다. 만약 우리가 진리를 말로 나타내면 그렇게 말하여진 진리는 진리 자체가 아닌 다른 어떤 것이 되고 만다. 따라서 진리에 대해서는 침묵만이 최선의 방책이다.

또한 진리는 타인에게 전해 줄 수도 없다. 그렇지만 붓다는 침묵만을 지키지 않았다. 붓다는 그러한 진리를 말하려 하였고 또 타인에게 전달하려고 애썼다. 6년간의 기나긴 고행 끝에 35세에 보리수 아래에서 깨달음을 이룬 후 80세에 입적할 때까지 45년간 인도의 각지를 두루 돌아다니며 설법을 하였다. 그렇다면 붓다의 이러한 행위와 노력을 어떻게 해석해야 할까?

진리는 본래 말로 표현할 수 없고 또 남에게 전달할 수도 없다. 붓다가 이러한 진리의 속성을 몰랐을 리 만무하다. 붓다는 비록 진리는 말할 수 없고 또 타인에게 전달할 수도 없다는 사실을 잘 알고 있었지만, 오직 괴로움의 심연에 빠져 고통받는 중생들을 구제하고 그들을 진리로 인도하기 위해 언어라는 수단을 빌려 방편적으로 진리를 설하여 주었던 것이다.

노자는 다음과 같이 말하였다.

"아는 자는 말하지 않고, 말하는 자는 알지 못한다."

(知者不言, 言者不知)

- 『도덕경』 제56장

진실로 아는 자는 말하지 않고 침묵하지만, 진리란 바로 이런 것이라고 떠들어대는 사람은 진실로 아는 것이 아니라는 말이다. 하지만 그런 말을 한 노자 자신도 『도덕경』 81편을 지어 도에 대해 설명해 놓고 있지 않은가? 그렇다면 노자 역시 참으로 알지 못하는 사람들의 범주에 속하는 것이 아니겠는가?

그런데 거꾸로 이렇게 생각해 볼 수도 있다. 붓다가 진리를 깨달았음에도 불구하고 노자의 말처럼 아무 말도 하지 않고 침묵만을 지켰다고 가정해 보라. 그러면 무지한 중생들은 진리라는 것이 도대체 있는 것인지 없는 것인지도 모를 뿐만 아니라, 설사 진리가 있다고 해도 그것을 어떻게 찾아야 할지 몰라 끝없이 방황하게 될 것이다. 그래서 붓다는 침묵만을 지키지 않았고, 괴로움의 심연에 빠져 있는 중생들을 향한 자비심을 발하여 비록 말로 표현할 수 없는 것이지만 언어라는 수단을 빌려 방편적으로 진리를 설해 주었던 것이다. 그리하여 무명의 어둠 속을 헤매는 중생들에게 진리의 빛을 던져 주고, 또 진리에 이르는 길을 명확히 제시해 주었던 것이다.

진리는 본래 말할 수 없는 것이기에 침묵해야 하는 것이지만, 붓다는 오직 중생들을 교화하기 위해 언어라는 수단을 빌려 방편적으로 설법하였던 것이다. 하지만 언어로 표현된 붓다의 모든 교법들은 진리 그 자체의 진술은 아니므로, 붓다는 성도 후 45년 동안 설법을 하며 인도 각지를 두루 다녔지만 제자들에게 "나는 아무것도 설한 것이 없다"라고 함으로써 사실상 진리에 대해서는 일언반구도 말하지 않은 것이나 다름이 없었다는 사실을 밝혀 주고 있을 뿐 아니라, 저 유명한 '뗏목의 비유'를 통해 자신의 교법들에 대한 집착에서도 떠나라고 공언했던 것이다.

하지만 붓다가 끝까지 침묵을 지킨 경우도 있었다. 그것은 형이상학적인 문제들에 관한 것이다. "붓다가 이런 형이상학적인 문제들에 대해 침묵을 지킨 것은, 그것들이 언어적인 표현을 넘어선 문제들이기 때문에 그가 진술하기를 망설였다는 점을 보여 준다고 믿는 경향이 있다. '말할 수 없는 것에 대해서는 침묵을 지켜야 한다'는 것이 참이기는 하지만, 이러한 침묵은 답변이나 설명을 해서는 안 되는 이유들이 있음에도 불구하고 그런 질문들을 계속해서 제기할 경우에만 정당화될 수 있다. 그러나 우리가 주목해야만 하는 것은, 붓다가 그와 같은 질문들이 제기되었을 때 단순히 침묵한 것은 아니었다는 점이다. 사실 붓다는 그러한 물음의 제기에 대해서 강력하게 이의를 제시하였다. 그 이유는 그런 물음들 자체가 답변은 고사하고, 전혀 의미가 없는 것들이기 때문이다. 그와 같은 물음들은 단지 인식론적으로 무의미하고 답변 불가능한 것만이 아니라, 실용적인 면에서도 적절하지 못한 것이다. 왜냐하면 그것들에 대한 답변이 인간의 직접적인 괴로움이라는 문제를 해결하는 데 전혀 도움을 주지 않기 때문이다."[88]

---

88) D. J. 칼루파하나 지음, 김종욱 옮김, 『불교 철학사』, 시공사, 1996, 170쪽. 붓다는 『전유경(箭喩經)』에서 '독화살의 비유'를 들어 우리가 어떤 태도로 살아가야 하는지를 보여 준다. 독화살을 맞았으면 얼른 화살을 뽑고 독을 치료해야지, 그렇지 않고 독화살을 쏜 사람이 누구인지 혹은 화살이 어떤 재료로 만들어졌고 어느 방향에서 날아왔는지를 알려고 한다면 미처 그것을 알기도 전에 온몸에 독이 퍼져 목숨을 잃게 될 것이다. 이와 마찬가지로 세상은 영원한가 아니면 영원하지 않은가, 혹은 세상은 끝이 있는가 없는가 등의 허망한 물음에 매달린다면 결국 그것을 알지 못한 채 삶을 마치게 된다는 것이다.

붓다는 형이상학적인 희론들에 대해서 매우 부정적인 태도를 취하고 있다. 그것들 가운데 가장 대표적인 것으로는 다음과 같은 열네 가지 문제를 들 수 있다. 세계는 영원한가, 영원하지 않은가, 영원하면서 영원하지 않은가, 영원한 것도 아니고 영원하지 않은 것도 아닌가? 세계는 유한한가, 무한한가, 유한하면서 무한한가, 유한한 것도 아니고 무한한 것도 아닌가? 정신과 육체는 하나인가, 둘인가? 여래는 사후에 존재하는가, 존재하지 않는가, 존재하면서 존재하지 않는가, 존재하지도 않고 존재하지 않는 것도 아닌가? 이런 문제에 대해 붓다는 으레 답변을 하지 않고 침묵을 지켰다.

이 열네 가지 문제를 십사무기(十四無記)라고 하는데, 붓다가 이렇게 답변을 삼간 이유는 무엇일까? 이에 대해 라다크리슈난은 다음과 같이 말하고 있다.

"붓다는 형이상학적인 문제에 대한 논의가 해탈을 구하는 자에게 아무런 도움이 되지 않는다는 이유에서 이러한 논의에 관여하는 것을 거부했다. 형이상학적인 주제들에 대한 그의 회피는 모든 사상가와 사상 체계에 특정 명칭을 달고 싶어 하는 현대 철학사가에게 애매모호한 입장으로 남을 수밖에 없다. 붓다는 잡으려 해도 잡히지 않

그래서 붓다는 그러한 형이상학적인 질문들에 대해 오직 침묵으로 일관하였다. 침묵하는 이유는 "그것이 이치에 맞지 않고 법에 맞지 않으며, 또 범행의 근본이 아니어서 지혜로 나아가게 하지 않고, 깨달음으로 나아가게 하지 않으며, 열반으로 나아가게 하지 않기 때문"이라고 하였다. 그렇기 때문에 붓다는 사성제를 한결같이 설하는데, 그 이유는 "그것이 이치에 맞고 법에 맞으며, 또 범행의 근본이어서 지혜로 나아가게 하고, 깨달음으로 나아가게 하며, 열반으로 나아가게 하기 때문"이라고 하였다.

는다."[89]

라다크리슈난의 말과 같이 붓다는 잡으려야 잡을 수가 없다. 붓다가 무엇을 주장했는지, 어떤 입장을 취했는지, 정확히 의도하는 바는 무엇인지 등등 붓다에 대해서는 도대체 아무것도 알아낼 수가 없다는 것이다. 왜 그럴까? 한마디로 말해 붓다는 아무것도 주장한 바가 없기 때문이다. 그러면 붓다는 왜 아무 주장도 하지 않은 것일까? 그 이유는 어떤 주장이나 이론, 법칙이라 하더라도 그것들은 모두 진리와 거리가 멀다는 사실을 붓다는 너무도 잘 알고 있었기 때문이다.

무엇인가를 주장하고 자취를 남겨야 비로소 그 사람의 입장을 파악하여 알 수가 있는데, 붓다는 아무 자취나 흔적을 남기지 않았기 때문에 '이것이 붓다의 가르침이다'라고 강변하는 모든 주장들은 사실에 있어서 붓다를 크게 오해한 것이다. 그러므로 그 누가 그 어떤 주장을 하더라도 그것들은 모두 붓다의 입장과는 거리가 멀다는 사실을 분명히 알아야 한다. 붓다가 성도 후에 인도 각지를 돌아다니며 45년 동안 행한 모든 설법들 — 비록 붓다는 그것들이 진리 그 자체와는 거리가 멀다는 사실을 정확히 인지하고 있었지만 — 은 단지 어리석은 중생들을 교화하기 위해 언어라는 수단을 빌려 임시방편적으로 설한 것일 뿐이기에 붓다는 제자들에게 자신의 설법들에서조차도 떠나라고 선언했던 것이다.

붓다는 인류 역사상 그 누구도 밟아 본 적이 없는 전인미답의 길을 걸어갔지만, 그 길은 아무 흔적도 자취도 없는 '길 없는 길'이기에 우

---

89) 라다크리슈난 지음, 이거룡 옮김, 『인도 철학사 II』, 한길사, 1996, 562쪽.

리가 아무리 붓다의 자취와 흔적을 찾으려고 노력해도 도저히 찾을 수가 없는 것이다.

6. 질문과 답

사람들은 대부분 자기 자신이 구축해 놓은 허상(환영)의 세계에서 살고 있다. 왜 그런가? 진실의 세계, 실재 세계는 보고 들을 수 없고, 말할 수도 없으며, 또 올바로 인식조차 할 수 없기 때문이다. 만일 누군가가 그것을 보았다면 그것은 진실이 아니며, 그것을 들었다면 그 역시 진실이 아니다. 또한 그것을 인지했다면 그 역시 진실이 아니다. 또 누군가가 그것을 말했다면 그 역시 진실이 아닌 것이다. 그런데도 사람들은 진실의 세계를 볼 수 있고 들을 수 있으며, 또 인식할 수 있다고 여기면서 살아간다. 하지만 그들이 보고 듣고 인식하는 세계란 있는 그대로의 실재 세계가 아니라 그들이 애써 믿고 싶어 하는 세계, 곧 각자 스스로 구축해 놓은 허상의 세계요 관념의 세계일 뿐이다.

세상을 살아가면서 누구나 한 번쯤 인생과 우주에 대해 다음과 같은 질문을 던져 보았을 것이다. 나는 누구인가? 나는 어디서 와서 어디로 가는가? 나는 왜 사는가? 우주는 어떻게 존재하게 되었는가? 진리는 있는가, 없는가? 하지만 대부분의 사람들은 이러한 인생과 우주의 근본 의문들에 대해 만족할 만한 답을 얻지 못한 채 삶을 마치게 된다.

사람들은 저마다 이러한 인생의 근본 의문들을 끌어안고서 그에 대한 해답을 찾으려고 애쓰지만 주변의 어느 누구도 그러한 문제들에 대해 속 시원한 답을 들려주지 않는다. 그럼으로써 사람들은 그러한 문제들을 해결할 방법을 찾지 못한 채 혼자서만 전전긍긍하며 애태울 뿐이다.

그러면 왜 이러한 문제들에 대해 알기가 그토록 어려운 것일까? 이에 대한 답이 아예 존재하지 않기 때문일까, 아니면 다른 이유라도 있는 걸까? 단도직입적으로 말하면 인생과 우주의 근본 의문들에 대한 답은 그 누구도 제대로 알려 줄 수도 없고, 또 알려 준다고 해서 이해될 수 있는 것도 아니라는 것이다. 다시 말해 그것은 단순히 지적 이해의 수준에서 해결될 수 있는 문제가 아니라는 말이다.

모든 사람들이 알고 싶어 하는 인생과 우주에 대한 의문은 이성의 논리적 수준으로 그 틀이 잡히지만, 그 답은 이성과 논리를 벗어난 수준에서 발견될 수 있는 것이다. 다시 말해 인생의 모든 의문들은 이성적 논리의 틀 안에서 형성되지만, 그것들에 대한 근본적인 해답은 이성과 논리의 틀 안에서는 결코 찾아질 수 없다는 뜻이다.

일찍이 칸트는 그의 대표작인 『순수이성비판』에서 "인간의 이성은 자신이 물리칠 수도 없고, 그렇다고 대답할 수도 없는 문제로 괴로워하는 운명이다. 물리칠 수 없다는 것은 그와 같은 문제가 이성 자신의 본성에 의해 떠맡겨져 있기 때문이고, 대답할 수 없다는 것은 그와 같은 문제가 인간의 이성 능력을 모조리 초월하고 있기 때문이다"[90]라고 하여 인간은 스스로의 이성적 능력으로는 대답할 수 없는 질문들을 끈질기게 던지지만 그에 대한 해답을 찾지 못함으로 해서 항상 괴로움에 휩싸여 있다고 하였다.

---

90) 임마누엘 칸트 지음, 정명오 옮김, 『순수이성비판』, 동서문화사, 2016, 13쪽.

우리 인간은 각자에게 부여된 이성 자체의 본성에 의해 인생과 우주의 수수께끼에 대해 끊임없이 질문을 던지지만 안타깝게도 자신의 이성적 능력으로써는 그에 대한 근본적인 해답을 찾을 수도 없고 또 해결할 능력도 없다는 것이 칸트의 일관된 주장이다. 그렇다고 해서 이성과 논리의 영역을 벗어난 곳에서 그에 대한 답을 찾고자 시도한다 해도 그러한 모든 노력은 결국 실패로 끝날 수밖에 없다. 왜냐하면 설사 이성과 논리의 영역 바깥에서 그 답을 찾았다고 하더라도 그것은 이미 논리적 이성이 요구하는 답이 아니기 때문이다. 이성과 논리의 영역을 떠난 경지에서 얻은 답은 이미 논리를 벗어난 것이기에 합리적이고 논리적인 지성으로써는 이해 불가능한 것일 수밖에 없고, 또 쉽게 받아들일 수 있는 것도 아니다. 따라서 이성과 논리의 영역 안에서 논리적 이성의 요구를 충족시켜 줄 수 있는 답을 찾지 못한다면 그 어디에서도 만족할 만한 답을 찾을 수 없는 것이다.

그러나 우리가 이성과 논리의 영역 내에서 찾을 수 있는 답은 그 어떤 것도 만족스럽지 못하다. 왜냐하면 논리적 언어로 진술된 답은 그 어떤 것이라 해도 부분적이고 한계적이며 자기모순을 내포한 것이어서 항상 불만족스러울 수밖에 없기 때문이다.

그렇다면 우리는 결국 이성과 논리의 영역 바깥에서 그 답을 구해야 하지 않을까? 하지만 그 역시 불만족스럽기는 마찬가지이다. 왜냐하면 이성과 논리의 영역 밖에서 구한 답은 이미 논리를 벗어난 것이어서 논리적 지성의 요구를 충족시켜 주지 못하기 때문이다. 다시 정리해서 말하면, 우리가 이성과 논리의 영역 안에서 찾을 수 있는 답변들은 모두가 다 한계적이고 불만족스러우며, 다른 한편 이성과 논리의 영역 밖에서 찾을 수 있는 답은 논리적 이성의 입장에서 볼 때 도저히 수용하기 힘든 비논리적 답변이기 때문에 똑같이 불만족스러울 수밖에 없다는 것이다.

논리적 이성이 요구하는 답은 검증 가능하고, 논리 규칙에 부합하는 것이어야 한다. 그런데 문제는 이 두 가지 조건을 충족시켜 줄 수 있는 답은 그 어떤 것이라 하더라도 부분적이고 한계적이며 불완전한 것이어서 결국 불만족스러울 수밖에 없다는 데 있다. 다른 한편 이러한 두 가지 조건에서 벗어난 답은 이미 논리적 이성이 요구하는 답이 아니므로 그 역시 불만족스럽기는 마찬가지이다.

결국 이성과 논리의 영역 안에서도 밖에서도 우리가 요구하는 만족할 만한 답을 찾을 수 없다는 결론에 이르게 된다. 즉, 이성과 논리의 영역 내에서는 우리 모두가 간절히 바라는 모순 없는 완전한 답을 찾을 수 없고, 또 그 영역을 넘어선 곳에서 찾을 수 있는 답은 이미 논리를 벗어나 있어서 이성과 논리의 수준에서 요구하는 답이 아니므로 그 역시 만족스럽지 못하다는 것이다. 따라서 논리적 지성이 요구하는 만족할 만한 답은 어디에도 없는 셈이다. 그럼으로써 인생과 우주에 대한 의문을 풀지 못한 채 항상 불만족과 좌절에 빠져 온갖 번뇌와 고통 속을 끝없이 헤맬 뿐이다. 바로 이것이 일반 중생들의 삶의 모습이다. 설사 그들이 영원히 산다고 한들 삶의 근본적인 문제들은 결코 해결을 보지 못한 채 언제나 그대로 남아 있게 될 것이다. 비트겐슈타인은 『논리철학논고』에서 이를 이렇게 말하고 있다.[91]

---

91) 엄정식 편역, 『비트겐슈타인과 분석철학』, 서광사, 1990, 95~96쪽. 오늘날 과학과 기술의 비약적인 발전에 힘입어 그 동안 풀지 못했던 수많은 수수께끼 문제들이 많이 해결되었지만, 다른 한편 그 속에서 해결하기 힘든 새로운 난문제들이 속속 등장하게 되었다는 사실을 통해 볼 때, 우리가 당면한 문제들을 하나하나 해결해 나가고 또 새로운 영역을 개척해 나가는 것이 곧 우리들이 모르는 미지의 영역과 해결해야 할 문제들이 점점 더 줄어드는 것으로 해석해서는 안

"인간의 영혼은 시간상의 불멸성, 즉 죽은 뒤에도 영원히 살아남으리라는 보장이 없을뿐더러 어떠한 경우에도 이러한 가설로써는 늘 의도해 온 목적을 전혀 성취할 길이 없다. 혹은 내가 영원히 살아남은들 풀릴 수 있는 수수께끼가 있을까? 현재의 내 삶만큼이나 이 영원한 삶이라는 것도 수수께끼투성이가 아닐까? 삶이, 시간이, 그리고 공간이 갖는 수수께끼의 해결은 공간과 시간의 밖에 놓여 있다."

"필요로 하는 것은 자연과학적 문제의 해결 같은 것이 아니다."

"있을 수 있는 모든 과학적 질문이 해답을 찾는다고 해도 삶의 문제는 전혀 손을 대 보지 못한 채로 남는다는 것을 우리는 느끼고 있다."

우리는 자연과학적 질문에는 쉽게 답할 수 있지만 철학적이고 형이상학적인 질문에는 답하기가 매우 곤란하다고 여기는 경향이 있다. 그러나 자연과학적 질문들이라고 해서 크게 다를 것은 없다. 가령 빛의 성질에 대해 물을 때 우리는 그에 대해 애매모호한 답변을 들을 수밖에 없다. 빛은 우리가 하려는 관측에 의존해서 때로는 입자로 행

된다는 것을 알 수 있다. 하지만 일반인들은 물론 지성인들조차도 이러한 착각과 오류에 젖어 있음을 종종 볼 수 있다. 얼마 전까지만 해도 많은 사람들은 현대 과학이 오늘날 인류가 맞닥뜨리고 있는 모든 불확실성과 혼돈을 제거해 줄 것이라고 믿어 의심치 않았지만, 그러기는커녕 오히려 불확실성과 혼란을 더욱 부추기고 조장한다는 역설적 상황에 봉착하고 있는 현실을 역력히 목도하고 있다. 과학은 이 시대의 불확실성과 가치관의 혼란을 결코 해결해 주지 못한다는 사실을 분명히 알 필요가 있다. 우리가 그 동안 알지 못했던 새로운 영역을 개척하고 미해결의 문제들을 속속 해결해 나가면 그에 따라 미지의 영역이 점차 줄어들고 해결해야 할 문제들이 더욱 줄어드는 것이 아니라, 오히려 그와 정비례하여 미지의 영역도 그만큼 확장되고 수많은 난제들이 새롭게 출현하는 역설적 상황에 부딪치게 된다는 것이다. 이러한 상황은 과학이 존재하는 한 영원히 지속될 것이다.

동하기도 하고, 또 때로는 파동으로 행동하기도 한다는 것이다.

그러나 이러한 설명은 빛의 본질에 대한 올바른 대답은 아니다. 현재의 과학 수준으로는 그에 대한 충분한 답을 주기에는 역부족이라고 변명한다고 하더라도, 설령 오랜 시간이 지나 과학이 더욱 고도로 발달한다고 할지라도 그때에도 우리는 지금과 마찬가지로 언제나 모호한 답변을 들을 수밖에 없을 것이라는 점은 분명한 사실이다.

우리가 자연과 사물 속으로 깊이 파고들면 들수록 우리는 더욱더 끝없는 미궁 속에 빠지게 될 뿐이다. 일찍이 프랭크 허버트는 "우주(자연)는 언제나 우리의 논리를 한 걸음 넘어선 곳에 있다"라고 명확히 갈파하였지만, 사실 우주뿐 아니라 그 우주를 이루는 개개의 모든 사물이나 현상들도 똑같이 우리의 논리를 한 걸음 넘어선 곳에 있기 때문에 우리는 결코 그것들의 진면목을 논리적으로 설명할 수도 없고 또 이해할 수도 없다. 따라서 자연과학적 질문들에도 답을 하기가 그렇게 쉬운 것만은 아님을 알 수 있다. 단지 철학적인 질문들보다는 답하기가 조금 더 수월하다는 것일 뿐, 다시 말해 정도가 더하거나 덜하다는 차이가 있을 뿐이다.

우리들이 철석같이 믿고 있는 모든 과학 이론이란 사실 가설의 체계에 불과하다. 그래서 어떤 철학자는 과학과 신화의 차이는 다만 정도의 차이일 뿐이라고 말할 정도이다. 요컨대 과학에 대한 맹신에서 떠나라는 것이다. 과학이라는 것도 결국은 인간의 인식과 언어의 소산이기 때문에 그 역시 한계적일 수밖에 없는 것이다.

사람들은 일반적으로 일상적인 문제들뿐 아니라 인생과 우주의 근본 의문들조차도 이성과 논리의 틀 안에서 해결하려고 하는 경향이 있음을 볼 수 있다. 그러나 우리가 이성적 사고의 한계에서 벗어나지 않는다면 우리에게 인생 문제의 근본적인 해결이란 있을 수 없는 것이다.

인간의 이성적 사고의 영역이 제아무리 광대하고 심원하다고 하더라도 그 역시 분명한 한계가 있음을 동양의 현자들은 한결같이 지적해 주고 있다. 게다가 우리 인간의 능력으로써는 거대한 장벽과도 같은 이성적 사고의 울타리를 뛰어넘기란 무척이나 어렵다고 한다. 실제로 대부분의 사람들은 그러한 한계를 흔쾌히 뛰어넘지 못함으로 해서 결국 삶의 수수께끼를 풀지 못한 채 생을 마감하고 만다.

그런데 여기서 우리가 반드시 짚고 넘어가야 할 사실이 있다. 설령 우리가 이성적 사고의 영역에서 벗어나 마침내 인생과 우주의 근본 의문들에 대한 답을 찾았다고 하더라도 우리는 또다시 그에 대한 집착에서도 떠나야 한다는 것이다. 왜냐하면 우리가 그 답에 집착하고 매달리는 한 우리는 여전히 모든 분별과 집착에서 완전히 벗어나지 못한 것일 뿐만 아니라, 사실에 있어서 올바른 답이 아닌 엉뚱한 답을 붙잡고서는 그것을 올바른 답이라고 착각하는 것일 뿐이기 때문이다.

그뿐만 아니라 앞에서 살펴본 바와 같이 우리의 인식이라는 그물에 포착된 '자유'는 이미 진정한 의미의 자유가 아니듯이, 인생과 우주의 근본 의문들에 대한 답도 역시 인간의 인식이라는 그물에 포착되는 순간 이미 올바른 답이 아닌 다른 어떤 것이 되고 만다는 것이다. 이렇게 볼 때 우리가 그토록 찾아 헤매던 답은 그 어떤 것이 되었든 간에 엄밀한 의미에서 결코 올바른 답이라고 할 수 없고, 단지 우리의 인식적 차원에서만 임시적이고 일시적으로 긍정되는 답일 뿐이라는 사실을 분명히 알아 둘 필요가 있다.

그러므로 진리가 반드시 '있다'고 굳게 믿고서 진리를 찾아다니는 사람들은 영원히 진리를 구하지 못하게 되고, 인생과 우주의 근본 의문들에 대한 답이 분명히 '있다'는 확신을 가지고 그것을 찾아다니는 사람들도 역시 영원히 그 답을 얻지 못하게 될 것이다. 왜냐하면 그들이 생각하는, 그들이 애타게 찾고 있는 진리나 인생과 우주의 근본 의문들에 대한 답은 그 어디에도 존재하지 않기 때문이다.

진리는 상대적인 현상 세계 안에 존재하지 않지만, 또한 동시에 상대적인 현상 세계 밖에 따로 존재하는 것도 아니다. 결국 우리는 그 어디에서도 진리를 찾을 수 없는 것이다. 이와 마찬가지로 인생과 우주의 근본 의문들에 대한 올바른 답도 역시 이성적·논리적 사유의 영역 안에서도 밖에서도 찾을 수가 없는 것이다.

그렇다고 해서 이 말을 진리나 올바른 답이 아예 '없다'는 의미로 받아들여서도 안 된다는 것이다. 왜냐하면 진리는 상대적인 유와 무를 떠나 있기에 '있다'고 해서도 안 되지만, 이와는 반대로 '없다'고 해서도 안 되기 때문이다. 진정한 자유(열반)나 진리만이 아니라 인생과 우주의 근본 의문들에 대한 올바른 답도 역시 '있다'고 해서도 또 '없다'고 해서도 안 된다는 것이다.

일단 우리들이 언어와 사유의 영역을 넘어서게 되면 그 무엇 ─ 예컨대 진리, 인생과 우주의 근본 의문들에 대한 답, 바른 견해(正見), 무아·공·중도·열반(자유) 등의 붓다의 교법들 등 ─ 이 되었든 간에 그것들이 '있다'고 해서도 또 '없다'고 해서도 안 된다는 것이다. 왜냐하면 우리가 상대적인 존재들에 대해서 지시하는 것처럼 그것들이 '있다'거나 '없다'고 규정하는 순간 똑같은 오류에 빠지고 말기 때문이다. 그래서 언어와 사유의 영역을 넘어선 것들에 대해서는 우리가 상대적인 존재들에 적용하는 것처럼 그것들이 '있다'고 말해서도 또 '없다'고 말해서도 안 되는 것이다. 그러한 상대적인 규정 자체가 언망여절의 영역(경지)에서는 더 이상 통용되지 않는다는 사실을 분명히 알아 둘 필요가 있다. 그래서 인간의 언어와 사유를 넘어서 있는 진리나 올바른 답에 대해서는 그것들이 '있다'고 해서도 또 '없다'고 해서도 안 된다고 말하는 것이다. 바로 이것이 진리에 대해서 그리고 인생과 우주의 근본 의문들에 대해서 우리가 침묵해야만 하는 근본 이유이다.

여기서 한 가지 사실을 더 부연 설명하면, 언어와 사유를 넘어서 있는 언망여절(言亡慮絶)의 경지에 대해서도 그러한 경지가 '있다'거나 '없다'고 말해서는 안 되는 것이다. 왜냐하면 그러한 경지는 실제에 있어서 언어와 사유의 영역을 떠나 따로 존재하고 있는 것이 아닐 뿐만 아니라, 또 한편으로는 모든 상대적인 언어 규정을 떠나 있기 때문이다. 다만 우리의 사고와 이해를 돕기 위해 임시로 언망여절의 경지가 '있다'고 말하는 것일 뿐이다.

이와 같이 진리나 인생과 우주의 근본 의문들에 대한 답은 인간의 분별적 인식 능력으로 포착할 수 없고, 또 논리적 언어로 표현할 수도 없는 것이다. 단지 우리의 이해와 인식을 돕기 위해 임시방편적으로 진리나 올바른 답이 '있다'고 말하는 것일 뿐이다. 그러나 이렇게 말하는 순간 그와 같이 말한 진의를 알지 못하는 사람들은 하나같이 곧바로 상견(常見)에 빠져 거기에 한없이 매달리게 되고, 이와는 반대로 진리나 답이 '없다'고 하면 그 즉시 단견(斷見)에 떨어져 진리나 올바른 답 같은 것은 본래 없는 것이라고 단정 짓고서 온갖 탐욕과 집착과 분별망상에 사로잡힌 채 제멋대로의 삶을 살아간다.

상견과 단견이라는 양 극단에서 벗어난 지혜로운 사람, 진리뿐 아니라 인생과 우주의 근본 의문들에 대한 답이 분명히 '있다'는 미망과 착각과 독단의 함정에 빠지지도 않지만 또한 동시에 그것들이 전적으로 없는 것은 아니라는, 작은 희망의 빛을 소중히 간직할 줄 아는 마음이 가난한 사람들(욕심 없는 사람들)이 진퇴양난의 딜레마적 상황에서 벗어나 마침내 그 뜻을 이루게 될 것이다.

7. 진리와 언어

　언어는 세상을 비추는 거울과 같은 것이다. 하지만 이 거울은 결코 세상의 궁극적 진실을 알려 주는 것도 아니고, 그렇다고 해서 세상에 대한 비밀을 모두 감춰 버리는 것도 아니다. 한 가지 분명한 사실은, 언어라는 거울을 통해서는 결코 존재의 참모습을 볼 수 없다는 점이다. 그럼에도 불구하고 우리는 언어에 의지할 수밖에 없다. 언어는 비록 뚜렷한 한계를 가지고 있지만 언어에 의지하지 않는다면 진리를 나타낼 방도가 없기 때문이다. 그만큼 언어는 실생활을 영위해 나가는 데 있어서나 궁극적 진리를 추구해 나가는 데 있어서 우리에게 없어서는 안 될 필수불가결한 요소임에 틀림없다.

　진리는 지성적 사유로 포착할 수 없고 논리적 언어로 표현할 수 없다고 하는 사실은 불교에서는 이미 확고한 믿음으로 자리 잡고 있다. 그래서 진리는 우리의 언어와 사유를 떠나 있다고 말하지만 그것은 다만 언어적 수사(修辭)에 그칠 뿐, 실제에 있어서 진리는 언어와 사유를 떠나 따로 있는 것이 아니다. 만약 진리가 언어와 사유를 떠나 고정불변하는 그 무엇으로 따로 존재하는 것이라고 한다면, 그것은 이미 진리 그 자체와 거리가 먼 것이다. 왜냐하면 그와 같은 진리는 명백히 한계적인 언어나 사유와 마찬가지로 그 역시 부분적이고 한계적인 존재일 수밖에 없기 때문이다. 게다가 그것은 진리 자체의 본질과도 크게 어긋나는 것이다.

진리는 지성적 사유로 포착할 수 없고 언어로 표현할 수 없으며, 또 남에게 전할 수도 없다. 그러므로 진리를 인식할 수 있고 언어로 기술할 수 있으며 또 타인에게 전할 수도 있다는 생각은 진리에 관한 한 커다란 착각이고 망상일 뿐이다.

이처럼 진리는 획득할 수 없고 불가해하며 언어와 사유를 떠나 있기 때문에 불교에서는 무소득·불가득이라는 말로 묘사하기도 한다. 즉, 진리는 일상 사물들처럼 구할 수 있거나 얻을 수 있는 어떤 것이 아니라는 얘기다. 단지 중생들을 제도하기 위해 방편적으로만 진리가 '있다'고 말하고, 또 진리를 얻을 수 있고 깨달을 수 있다고 말하는 것이다.

이와 같이 진리는 우리의 사유 능력으로 포착할 수 없고 또 언어로 표현할 수 없기 때문에 진리에 대해서는 '있다'고 말해서도 또 '없다'고 말해서도 안 된다. 그래서 진리에 대해서는 침묵해야 하는 것이지만, 단지 우리의 사고와 이해를 돕기 위해 그리고 중생들을 교화하기 위해 임시로 진리가 '있다'고 말하는 것일 뿐이다.

그러므로 우리가 변화하는 현상계를 떠나서 고정불변의 진리가 따로 '있다'고 여기고서 거기에 집착한다면 곧바로 상견(常見)에 빠지게 되고, 이와는 반대로 진리 같은 것은 본래 '없다'고 여긴다면 그 즉시 단견(斷見)에 떨어지고 만다. 진리는 상대적인 모든 분별 인식과 언어적 규정을 떠나 있기 때문에 그것에 대해서는 '있다'고 해서도 또 '없다'고 해서도 안 되는 것이다. 진리에 대한 그 어떤 언어적 표현이나 진술이라 하더라도 그것들은 모두 진리 자체를 올바로 나타내 주는 것이 아니므로 우리는 언어에 대한 맹신과 집착에서 떠나야 하는 것이다.

　이와 같이 진리는 말로 표현하기 어려운 측면이 있다. 그러나 붓다는 침묵만을 지키지 않았다. 그는 괴로움의 심연에 빠져 있는 중생들을 교화하여 그들을 진리의 세계로 인도하기 위해 언어라는 수단을 빌려 방편적으로 진리를 설해 주었던 것이다. 그것이 바로 연기법을 비롯한 붓다의 여러 교법들이다.

　그렇지만 또 한편으로는 우리가 그와 같이 언어로 표현된 붓다의 교법들에 집착하고 매달릴 때는 마치 못물에 비친 달을 건져 올리는 것과 같은 우를 범하는 꼴이 되기 때문에 붓다는 항상 자신의 교법들에 대한 집착에서 떠나라고 하였던 것이다.

　다시 한 번 강조하여 말하면, 진리에 대한 그 어떤 언어적 표현이나 진술이라 하더라도 그것들은 모두 진리 그 자체를 온전히 나타내 주지 못하는 한계를 가지고 있다. 분별을 본질로 하는 언어로는 결코 진리를 올바로 나타낼 수 없다. 논리적 언어로써 진리를 표현하고 묘사하려는 것은 마치 그물을 가지고 바람을 잡으려는 것과 같은 어리석은 일일 뿐이다. 언어라는 그물로는 결코 진리를 포착할 수 없다. 그러므로 우리가 최종적으로 궁극적 진리에 도달하기 위해서는 이성적 사고와 논리적 언어에 대한 모든 집착을 반드시 내려놓아야 하는 것이다.

8. 목적지(열반)에 도달한 뒤에는
언어라는 배에서 내려야 한다

언어는 우리를 목적지로 데려다 주는 배와 같은 도구이다. 만일 우리가 배를 타고서 원하는 목적지에 도착했다면 이제 그 배에서 내려야 한다. 만일 목적지에 도달했는데도 배에서 내리지 않고 계속 그 안에 머무르기를 고집한다면 우리는 아직 목적지에 완전히 도달한 것이 아니다. 배에서 내려 땅에 발을 내디뎌야 비로소 목적지에 완전히 도달했다고 말할 수 있다. 그럼으로써 배는 잊히게 되는 것이다.

이와 마찬가지로 언어를 통해서 뜻하는 바를 얻었다면 이제 언어라는 배에서 내려야 한다. 그럼으로써 언어는 잊히게 되는 것이다. 목적지에 도착했는데도 배에서 떠나지 않는다면 아직 목적지에 완전히 도달한 것이 아니듯이, 개념이나 이론에 집착하여 거기에 머무르기를 고집하는 사람은 아직 참뜻을 얻지 못한 것이다.

예를 들어 공이나 중도 개념에 집착하여 그것에서 벗어나지 못하는 사람은 아직 공과 중도의 진의를 모르는 것이다. 만약 공과 중도라는 개념을 통해 그것이 의미하는 바를 깨달아 알았다면 이제 그것들에 대한 집착에서 떠나야 한다. 그렇지 않고 그 개념들에 집착하여 거기에 머무르기를 고집한다면 그는 아직 그 개념들의 참뜻을 모르는 것이다.

무아의 경지에서는 무아라는 의식조차 사라지고 없으며, 중도의 경지에서는 중도라는 인식조차 남아 있지 않다. 그럼으로써 진정한 무아와 중도의 경지에 도달한 것이라고 말할 수 있는 것이다. 만약 그에게 무아와 중도라는 의식이 조금이라도 남아 있다면, 그는 아직 참된 무아와 중도의 경지에 도달한 것이 아니다. 무아와 중도의 경지에 도달한 사람은 굳이 언어에 대한 집착에서 벗어날 것을 강제하거나 종용하지 않더라도 자기 스스로 언어에 대한 집착에서 떠나게 된다.

9. 중도 사상에 기초한 언어에 대한 올바른 인식과 태도

불교의 핵심 가르침은 극단을 배격하는 중도의 실천에 있다. 중도를 중시하는 붓다와 그의 정신을 계승한 많은 불교 사상가들은 인간의 인식과 언어가 안고 있는 모순성과 한계성을 잘 알고 있었지만 그들은 결코 그것들을 무시하거나 배척하지 않았다.

그런데 동아시아에서는 오랫동안 '불립문자(不立文字)'를 교의로 하는 선불교에 친숙해 있다 보니 이성이나 언어에 대한 강한 불신과 회의가 비교적 널리 퍼져 있다. 선불교의 교의 가운데 하나인 '불립문자'는 문자를 세우지 않는다는 뜻으로, 즉 경론의 어구나 문자에 의지하지 않는 것을 말한다. 하지만 이 말은 문자에 과도하게 집착하지 말라는 뜻이지, 무조건 문자를 배척하고 버리라는 의미는 결코 아닌 것이다. 우리는 언어를 매개로 하여 생각을 하고 자기 생각을 표현하기도 하며, 또 다른 사람들에게 자신의 의사를 전달하기도 한다. 언어가 없는 세계는 상상조차 할 수 없다.

글자 그대로 '문자를 세우지 않음(不立文字)'에 집착하는 사람들에 대하여 선불교의 기반을 닦은 육조 혜능은 다음과 같이 말하고 있다.

"또 문자를 세우지 않는다고 하나 이 '불립'(세우지 않는다)이라는 두

글자도 또한 문자인 것이다. 대개 이런 사람은 남이 말하는 것을 보고 곧 그를 비방하면서 문자에 집착한다고 흉을 본다. 그대들은 마땅히 알지니, 스스로 미혹한 것은 오히려 괜찮다고 하겠으나 어찌 부처님의 경전을 비방하겠는가?"[92]

'불립문자'란 다만 문자에 대해 지나치게 집착하지 말아야 함을 뜻하는 것일 뿐이지 그야말로 문자를 완전히 부정하거나 버리라는 의미는 아니다. 그런데 이렇게 불립문자라는 가르침에 집착하여 모든 문자적 가르침을 배척하고 도외시하는 사람은 도리어 문자적 가르침에 얽매이지 말라고 한 본래의 가르침을 스스로 어기는 자가당착에 빠지는 꼴이 된다. 왜냐하면 불립문자라는 말도 역시 문자적 가르침이기 때문이다. 따라서 그 말에 따르지 않으면 교의를 거스르는 것이 되고, 반대로 그 말대로 행하여 모든 문자적 가르침을 배척하고 부정하게 되면 도리어 불립문자라고 하는 문자적 가르침에만은 충실히 따르게 된다는 자가당착에 빠지게 되는 것이다. 불립문자라는 말은 문자적 가르침이 아니고 무엇이겠는가? 결국 그 말을 따를 수도 따르지 않을 수도 없는 난관에 봉착하게 된다. 이렇게 볼 때 불립문자라는 선불교의 교의는 우리에게 또 다른 강박 관념이 될 뿐이다.

그렇다면 이러한 막다른 상황에서 벗어날 수 있는 길(방법)은 없는 것일까? 앞으로 나아갈 수도 뒤로 물러설 수도 없는 진퇴유곡의 상황에서 빠져나오는 것은 인간의 능력으로써는 불가능한 일일까? 그렇지 않다. 붓다가 설한 중도의 가르침이 바로 그와 같은 난문제를 풀 수

---

92) 오경웅 지음, 서돈각·이남영 옮김, 『선학의 황금시대』, 천지, 1997, 120쪽.

있는 열쇠가 될 수 있을 것이다.

모든 모순과 대립, 진퇴양난의 딜레마적 상황에서 벗어나는 길, 그것이 바로 중도이다. 또 다른 말로 중도를 정의하면, "모든 분별과 집착에서 떠난 무소득(無所得)의 상태에 있는 것"이라고 간단히 말할 수 있다. 이와 같은 중도의 가르침대로 "문자적 가르침에 의지하지 말라"고 한 말을 통해 그 말이 전하고자 하는 의미를 올바로 깨달아 알았다면, 이제 그 말에 대한 집착에서 떠나면 되는 것이다. 그렇게 되면 불립문자를 포함한 그 어떤 문자적 가르침에도 집착하지 않을 수 있게 됨은 물론, 모든 문자적 가르침을 극단적으로 부정하거나 무시하는 잘못도 범하지 않게 됨으로써 이러지도 저러지도 못하는 딜레마적 상황에서 무난히 빠져나올 수 있게 되는 것이다.

이와 같이 양 극단을 벗어난 중도적인 가르침을 통해서 우리는 비로소 '불립문자'라는 말에 담긴 진의를 올바로 파악할 수가 있다. 그렇지 않으면 우리는 끝없는 악순환의 함정에 빠져 그곳에서 영원히 헤어 나오지 못하게 될 것이다. 그러한 진퇴양난의 딜레마적 상황에서 우리를 구제하여 올바른 진리의 길로 인도해 주는 것이 바로 붓다가 설한 중도의 가르침인 것이다.

붓다는 항상 양 극단을 피하는 중도적 입장에 서서 가르침을 베풀었다는 사실을 통해 볼 때, 언어와 문자의 세계에 대한 극단적인 불신 내지 부정적 태도는 사실상 언어에 대한 과도한 집착이나 맹목적인 믿음과 조금도 다를 바 없는 편향적이고 극단적인 태도일 뿐이다. 따라서 그와 같은 언어에 대한 두 가지 상반된 인식과 태도는 반드시 지양되어야 한다.

붓다의 충실한 계승자인 나가르주나도 『중론』에서 언어로 표현된 모든 견해와 이론들을 철저히 논파하고 있지만, 다른 한편으로 언어의 실용적이고 긍정적인 면은 털끝만큼도 손상시키지 않는다. 이는 다음과 같은 말에서도 잘 드러나고 있다.

> 속제(俗諦)에 의지하지 않는다면 진제(眞諦)를 알 수 없고, 진제를 알지 못하면 열반을 얻을 수 없다.
>
> - 『중론』 제24장

언어와 사유의 세계인 속제에 의지하지 않는다면 이른바 언망여절의 세계인 진제를 알 수 없고 결국 열반을 증득할 수도 없다는 것이다. 이는 우리가 진리를 추구해 나가는 과정에 있어서도 언어와 사유가 필수적인 요소가 됨을 천명한 것이다. 다시 말해 언어와 사유를 맹신하여 거기에 과도하게 집착해서도 진리에 도달할 수 없지만, 반대로 그것들을 극단적으로 불신하거나 무시한다고 해도 진리에 도달하기 어렵다는 것이다.

불교의 중심 사상인 연기와 공 사상이 언어와 논리를 부정하는 것이라는 선입견을 버려야 한다. 붓다는 언어에 대한 집착에서 벗어날 것을 주장했지 결단코 언어를 부정하거나 버리라고는 하지 않았다. 언어에 대한 집착 없이 언어를 사용할 것을 강조하는 붓다의 가르침을 계승한 불교 사상가들은 한결같이 언어의 한계를 명확히 인식하고 있었음에도 불구하고 언어의 유연성과 유용성을 확보하기 위해 끊임없는 노력을 기울였던 것이다.

한편으로는 언어에 대한 절대적인 긍정과 믿음이 있고, 다른 한편으로는 언어에 대한 극단적인 불신이나 회의적인 시각이 자리 잡고 있는데, 이러한 두 가지 극단적인 인식이나 태도는 모두 언어에 대한 올바른 접근 방법이 아니다. 만일 우리에게 올바른 언어관이라고 부를 수 있는 것이 있다면, 아마도 그것은 언어에 대한 두 가지 상반된 태도와 입장, 즉 언어에 대한 과도한 집착과 맹신, 그리고 극단적인 불신과 부정이라는 두 가지 상반된 태도를 떠난 중도적인 입장을 견지하는 것이라고 말할 수 있을 것이다. 즉, 언어를 맹신하거나 과도하게 집착하지도 않지만, 또한 그릇된 언어관에 현혹되어 언어를 깡그리 부정거나 무시하지도 않는 것이다.

인간의 위대한 발명품인 언어는 비록 존재의 참모습을 있는 그대로 나타내 주지 못한다고 하는 뚜렷한 한계를 가지고 있지만, 언어가 없는 삶이란 더 이상 상상조차 할 수 없으므로 우리는 언어의 유용성과 실용적 가치를 보존하고 발전시켜 나가는 일에도 커다란 관심을 기울여야 할 것이다.

VIII.

길과 방법으로서의
붓다의 가르침

붓다의 가르침을 따르는 사람들 가운데 여전히 많은 사람들이 붓다가 설한 교법들을 영원불변의 진리로 간주하고서 거기에 강하게 집착하는 경향이 있는 것 같다. 하지만 붓다 스스로 명확히 밝혀 주고 있는 바와 같이 붓다의 모든 교법들은 진리 그 자체를 온전히 나타내 주는 것이 아니며, 또 우리가 도달해야 할 궁극의 목적지도 아닌 것이다. 이러한 인식이 전제되지 않는다면 우리는 결코 붓다의 가르침의 진의를 알지 못하게 될 뿐만 아니라, 결국에는 진리에도 이를 수 없게 될 것이다.

단도직입적으로 말해서 붓다의 가르침은 단지 우리를 진리로 인도하기 위한 방법과 길일 뿐, 그것은 결코 진리 그 자체를 나타내 주는 것은 아닌 것이다. 알기 쉽게 다시 설명하면, 붓다의 모든 교법들은 우리를 목적지로 데려다 주는 배와 같은 수단일 뿐이며, 따라서 우리가 만일 원하는 목적지에 도착했다면 배에서 내려야 하듯이 우리가 붓다의 가르침을 통해 마침내 진리에 도달했다면 이제 붓다의 교법들에서도 떠나야 하는 것이다. 붓다의 저 유명한 '뗏목의 비유'가 이러한 사실을 단적으로 대변해 주고 있다.

또한 굳이 '뗏목의 비유'를 언급하지 않는다고 하더라도 언어라는 수단을 빌려 표현된 붓다의 모든 교법들은 이미 그 자체로 진리를 올바로 나타내 주지 못하는 한계를 스스로 가지고 있는 것이다. 왜냐하면 진리는 인간의 언어와 사유를 넘어서 있어서 언어로 표현 불가능하기 때문이다.

언어로 표현되고 진술된 그 어떤 이론이나 견해라고 하더라도 항상 부분적이고 한계적이며, 그 속에 심각한 결함과 모순을 내포할 수밖에 없기 때문에 그것들은 모두 모순 없는 완전한 이론이라고 불릴 수가 없는 것이다. 붓다의 교법들이라고 해서 예외일 수는 없다. 그것들이 언어로 표현되고 진술되는 이상 그 역시 한계적일 수밖에 없으므로 붓다는 항상 자신의 교법들을 불변의 진리로 절대화하는 것을 신중하게 피하였으며, 궁극적으로는 그것들에서조차도 떠나라고 한 것이다.

붓다의 모든 교법들은 붓다가 깨달은 진리의 세계를 언어라는 형식을 빌려 방편적으로 나타낸 것이므로 비록 그 속에 진리의 내용을 상당 부분 함축하고 있다고 하더라도 그 역시 일면적이고 부분적인 모습에 지나지 않을 뿐이며, 진리의 전 면모를 온전히 담아내지는 못한다는 것이다. 즉, 붓다의 모든 교법들은 진리 그 자체의 표현은 아니라는 말이다. 그러므로 우리는 붓다가 설한 교법들을 불변의 진리로 여기고서 거기에 집착해서는 안 된다고 하는 것이다. 그렇지만 또한 우리가 붓다의 가르침의 진의를 올바로 깨달아 알게 되면, 우리는 모든 그릇된 견해(邪見)와 탐욕과 집착에서 벗어나 마침내 참된 진리의 세계에 도달할 수 있게 될 것이다.

1. 붓다의 가르침을
   절대화하지 말아야 한다

붓다의 가르침은 제자인 아난이 연기에 대한 법문을 듣고 난 뒤에 "제가 보기에 연기는 그렇게 심오한 뜻은 없는 듯합니다"라고 한 데서 알 수 있듯이 평이하면서도 친근한 면이 있다. 그러나 다른 한편으로 붓다가 "그렇지 않다. 연기는 매우 깊고 심오한 것이니 보통 사람이 능히 깨칠 수 있는 법이 아니다"라고 하였듯이 불법(佛法)은 그저 단순하고 소박하기만 한 것이 아니라 매우 깊고 심오하기도 한 것이어서 우리가 그것을 잡으려야 쉽게 잡을 수가 없다.

본래 불가해하고 언표 불가능한 깨달음의 세계를 보통 사람들이 쉽게 이해할 수 있도록 언어라는 수단을 빌려 방편적으로 설해 놓은 것이 붓다의 교법들이므로 어찌 보면 그렇게 어렵게만은 느껴지지 않을지도 모른다. 그러나 언어로는 결코 표현할 수 없는 깨달음의 세계를 직접적으로 체득하기란 지극히 어려운 것이다. 붓다의 말은 바로 이를 지적한 것이다.

그런데 여기서 우리가 반드시 유의해야 할 사실이 한 가지 있다. 붓다의 모든 교법들은 붓다 자신이 체득한 깨달음의 세계를 언어라는 형식을 빌려 방편적으로 설한 것이므로 그것들을 영원불변의 진리로 절대화해서는 안 된다는 점이다. 만일 우리가 붓다의 교법들을 궁극적이고 절대적인 것으로 간주하여 거기에 집착한다면, 그것은 오히려 붓다의 본래 의도와 더욱 멀어지게 될 뿐이다. 『반야경』에서도 여래가 설한 교설까지도 절대 진리로 집착하지 말아야 한다고 말하고 있다.

진리는 인간의 언어와 사유를 넘어서 있어서 사유 작용으로 포착할 수 없고 또 언어로 표현 불가능하기 때문에 언어로 표현된 붓다의 모든 교설들은 사실상 진리 자체를 온전히 나타내 주는 것이 아니다. 그렇기 때문에 붓다 역시 말과 언어로 진술된 자신의 교법들을 불변의 진리로 절대화하는 것을 신중하게 피하였으며, 저 유명한 '뗏목의 비유'를 통해 자신의 교법들에 대한 집착에서도 떠나라고 하였던 것이다.

붓다는 자신이 설한 교법들에 영원성과 절대성을 부여하는 것을 단호히 배격하였으며, 제자들에게 모든 이론과 견해들뿐만 아니라 자신의 교법들에도 집착하지 말 것을 항상 강조하였다.

2. 길과 방법으로서의 붓다의 가르침

붓다의 모든 가르침은 우리를 진리로 인도하는 방법으로서만 그 의미를 가질 수 있는 것이지, 그 자체로 영원불변의 진리를 지시하거나 나타내 주는 것은 아니다. 따라서 우리가 붓다의 교법들을 영원불변의 진리로 간주하고서 거기에 집착한다면, 그것은 붓다 본래의 의도와 크게 어긋나는 것이다.

진리는 결코 언어로 표현될 수 없다. 그러므로 언어라는 수단을 빌려 설해진 붓다의 모든 교법들은 진리 그 자체를 온전히 나타내 주는 것이 아닌 것이다. 붓다는 오직 중생들을 교화하기 위한 방편으로서 연기와 무아, 공, 중도 사상을 설한 것이지, 그것들을 영원불변의 진리로 주장하기 위함이 아닌 것이다.

모든 개념이나 이론, 견해에 대한 집착에서 떠날 것을 주장한 붓다는 그의 수제자인 카시아파(迦葉)에게 공 자체에도 집착하지 말라고 엄중히 경고하고 있다.

"오, 카시아파여. 공(空)을 허무주의의 입장으로 보는 편견을 지니는 것보다 모든 수메루 산을 인격적인 입장으로 받아들이는 것이 보다 나을 것이다. 공 그 자체를 이론이라고 집착하며 주장하는 사람을 나는 불치의 병에 걸린 사람이라고 부른다. 만일 약이 환자의 배탈을 치료하기 위해 투약되었는데, 그 약이 남아서 배가 더럽혀졌다면 너는 그 환자가 치료되었다고 말할 수 있겠느냐? 더구나 공은 독단적인 견해들과 입장들을 고치기 위한 해독제, 즉 교정 수단인데도 불구하고 만일 사람들이 그것을 그 자체로 영원한 하나의 한 입장으로 집착하여 고수한다면, 그는 커다란 잘못을 저지르고 있는 것이다."[93]

불교에서는 무아와 공을 말하지만, 궁극적으로는 그런 무아와 공에 대한 집착마저도 모두 끊으라는 것이 붓다의 가르침의 진의이다. 무아와 공은 단지 우리를 근원적인 통찰, 곧 깨달음으로 인도하기 위해 방편적으로 설한 것이기에 그것들을 목적으로 삼고 집착해서는 안 되는 것이다.

나가르주나는 『중론』 제13장에서 "위대한 성인께서는 갖가지 견해에서 벗어나게 하시려고 공의 진리를 말씀하셨다"[94]라고 밝혀 주고 있듯이, 붓다는 그 어떤 이론이나 견해에도 집착하지 말 것을 가르쳤다. 심지어 붓다 자신의 근본 가르침인 연기와 무아, 공, 중도에도 집착하지 말라고 하였다. 왜냐하면 그 어떤 개념이나 이론, 견해라고 하더라

93) 자야데바 싱 지음, 김석진 옮김, 『용수의 마디아마카 철학』, 민족사, 1990, 98쪽.
94) 공을 설한 목적은 갖가지 견해에 대한 집착에서 벗어나도록 하기 위해서인 것이다. 공은 하나의 이론이나 견해가 아니다. 단지 우리의 분별적 사고와 집착을 끊어 주기 위해 공을 설한 것이다. 그러므로 공을 통해 모든 분별적 사고와 갖가지 견해들에 대한 집착에서 벗어났다면, 이제 다시 공에 대한 인식과 집착에서도 떠나야 한다. 그럼에도 불구하고 다시 공에 집착하고 매달린다면, 그는 아직 공의 참뜻을 모르는 것이다. 만일 공의 참뜻을 안다면 더 이상 공에 집착하는 따위의 어리석음은 범하지 않게 될 것이다.

도 그것들은 모두 진리 그 자체를 온전히 나타내 주는 것이 아니기 때문이다.

붓다는 6년간의 고행 끝에 마침내 깨달음을 이룬 후 80세에 입멸할 때까지 45년 동안 인도 각지를 두루 돌아다니며 설법하였지만, 정작 그 자신은 아무것도 설한 것이 없다고 말하였다.[95]

> "나는 일언일구도 설한 바가 없다."
>
> - 『입능가경』 제5권

붓다는 왜 이런 말을 하였을까? 붓다는 왜 아무것도 설한 것이 없다고 주장하는 것일까? 붓다가 성도 후 45년간 인도 각지를 돌아다니며 중생들을 제도하기 위해 행한 설법들은 도대체 설법이 아니고 그 무엇이란 말인가? 그러나 붓다가 왜 이런 말을 했는지 그 이유를 정확히 알고 나면 이에 대한 모든 의문은 자연히 해소될 것이다.

우리는 붓다가 이와 같이 말한 의도를 여러 각도에서 다양하게 해석해 볼 수 있을 것이다. 첫 번째 이유로 들 수 있는 것은, 진리는 본래 인간의 언어와 사유를 넘어서 있어서 언어로 표현 불가능하기 때

---

95) 『금강경』에도 다음과 같은 구절이 보이고 있다.
여래께서 수보리에게 물으셨다. "수보리야, 여래가 설법한 바가 있느냐?" 이에 수보리가 대답하였다. "여래께서 설법하신 확고한 법은 있지 않사옵니다". … "수보리야, 너는 여래가 '나는 마땅히 설법한 것이 있다'라고 생각을 한다고 말해서는 안 된다. 왜 그런가? 만일 어떤 사람이 여래께서 설법한 바가 있다고 말한다면, 그것은 부처를 비방하는 꼴이 되느니라. 왜냐하면 내가 설명한 바를 이해할 수 없기 때문이니라".
또한 대승불교를 확립시킨 나가르주나도 『중론』 제25장에서 다음과 같이 말하고 있다. "모든 법(法)은 인식 불가능하다(不可得). 모든 희론이 사라졌으며 사람도 없고 장소도 없으며 부처님께서도 역시 말씀하신 것이 없다"(나가르주나 지음, 김성철 역주, 『중론』, 경서원, 2005, 449쪽).

문에 설령 붓다가 진리에 대해 아무리 많은 말을 했다고 할지라도 그 말들은 모두 진리 그 자체를 온전히 나타내 주는 것이 아니므로 사실상 진리에 대해서는 아무 말도 하지 않은 것이나 다름없다는 점이다. 이런 의미에서 붓다는 일언일구도 설한 것이 없다고 말한 것이다.

또 다른 이유로는, 붓다는 모든 그릇된 견해들을 철저히 논파하기만 할 뿐 결코 자신만의 고유한 이론이나 견해를 따로 주장한 적이 없었기 때문이라는 사실을 들 수 있겠다. 붓다는 인간의 인식과 언어가 안고 있는 모순성과 한계성을 잘 알고 있었기 때문에 그 어떤 이론이나 주장도 내세우려고 하지 않았으며, 단지 중생들을 교화하기 위해 언어라는 수단을 빌려 방편적으로만 진리를 설해 주었을 뿐이라는 것이다. 따라서 그러한 방편적인 교설을 붓다의 진실한 가르침 그 자체인 양 오인해서는 안 된다는 것이다.

그리고 다른 그 무엇보다 중요한 이유는, 깨달음을 성취한 붓다는 이미 모든 집착과 번뇌에서 완전히 벗어났기 때문에 그에게는 자신이 법을 설했다고 하는 인식이나 집착이 완전히 사라지고 없다는 점일 것이다. 다시 말해 붓다는 그 자신이 법을 설했다고 하는 인식이나 의식 자체를 더 이상 가지고 있지 않았기에 그렇게 말한 것이다. 이미 모든 집착에서 완전히 벗어난 붓다에게 자신이 법을 설했다고 하는 의식이나 집착이 털끝만큼이라도 남아 있을 리가 있겠는가? 만일 붓다에게 그와 같은 인식이 조금이라도 남아 있었다고 한다면, 우리는 결코 그를 모든 집착과 속박에서 벗어나 완전한 자유를 성취한 해탈사(부처)라고 부를 수는 없을 것이기 때문이다.

이런 여러 가지 이유로 해서 붓다는 아무것도 설한 것이 없다고 말한 것이다.

깨달음을 성취한 아라한(부처)에게는 자신이 깨달음의 경지에 도달했다고 하는 의식조차 남아 있지 않으며, 또 그가 제아무리 많은 설법을 행하였다고 하더라도 자신이 법을 설했다고 하는 인식조차 가지고 있지 않다. 더 나아가 설사 그가 모든 중생들을 구제했다고 할지라도 그에게는 자신이 세상 사람들을 모두 구제했다고 하는 의식조차 완전히 사라지고 없다는 것이다. 그럼으로써 비로소 그를 진정으로 깨달음을 성취한 자, 즉 부처라고 부를 수 있는 것이다.

3. 붓다의 가르침은
하나의 힌트일 뿐이다

붓다의 가르침을 폄훼하거나 비하할 의도는 조금도 없지만, 쉽게 말하면 붓다의 모든 교법들은 하나의 힌트일 뿐이라고 말할 수 있다. 즉, 그것들은 진리 그 자체가 아니라는 말이다. 왜냐하면 진리는 언표 불가능한 것이기 때문이다. 진리는 오직 스스로 깨달아 알아야 하는 것이지 누가 그것을 알려 줄 수도 없거니와, 또 설령 진리를 깨달아 알았다고 해도 그것을 다른 사람에게 전해 줄 수 있는 것도 아니다. 만약 다른 사람에게 알려 줄 수 있다고 한다면 그것은 이미 진리가 아닌 것이다.

불교를 믿는 많은 사람들은 이렇게 생각하는 경향이 있는 것 같다. 붓다는 분명히 인생과 우주의 의문에 대한 답을 명확히 제시해 놓았는데도 불구하고 그 답이 너무 어렵고 심오해서 미처 사람들이 이해하지 못하는 것일 뿐이라고.

하지만 붓다는 결코 답을 제시한 적이 없다. 만일 붓다가 답을 제시해 놓았다고 한다면, 그것은 이미 답이 아닌 것이다. 왜냐하면 진리는 언어로 표현 불가능하기 때문이다. 바로 이런 이유로 해서 언어로 표현된 붓다의 모든 교법들은 진리 그 자체가 아니라, 단지 우리들이 진리를 찾는 데 도움을 주는 결정적인 힌트일 뿐이라고 말하는 것이다.

그런데 사람들은 그 힌트를 붙잡고서는 그것이 답(진리)인 줄로 착각하고 있는 것이다. 그것은 마치 보라는 달은 보지 않고 달을 가리키는 손가락만 보는 격이다. 왜냐하면 뚜렷한 형체를 가지고 있는 달과는 달리 진리라는 달은 우리 눈에 보이지 않기 때문이다. 이처럼 보이지 않고 잡히지 않는 진리를 향해 올바로 나아갈 수 있도록 우리에게 명확한 방향을 제시하고 있는 것이 바로 붓다의 가르침인 것이다. 그러므로 붓다가 지시하는 바대로 올바로 나아간다면 우리는 반드시 진리라는 목적지에 도달하게 될 것이다.

이와 같이 붓다의 가르침이란 달을 가리키는 손가락과 같은 것이어서 단지 진리를 지시하는 수단일 뿐이므로 거기에 집착하는 우를 범해서는 안 되는 것이다. 흔히 사람들은 보라는 달은 보지 않고 달을 가리키는 손가락만 보는 어리석음을 범하듯이, 다만 진리를 지시할 뿐인 언어로 표현된 붓다의 가르침에만 과도하게 집착하는 경향이 있는 것 같다.

4. 붓다의 설법 방법

붓다는 29세에 출가하여 6년간의 고행 끝에 깨달음을 이룬 후 인도 각지를 돌아다니며 45년간 설법을 행하였다. 그런데 한 가지 난관이 붓다 앞에 놓여 있었다. 붓다 재세 시에는 아직 사람들의 인지가 크게 발달하지 않았기 때문에 자신이 깨달은 진리를 직접적이고 효과적으로 전달하고 설명하기에는 많은 어려움이 따랐을 것이다.

그래서 붓다는 듣는 사람의 이해 능력과 근기에 맞추어서 진리를 설해 주었던 것이다. 우선 지혜가 부족하고 닦음이 일천(日淺)한 사람들에게는 그들의 이해 수준과 분별심에 맞추어 세속적인 진리의 차원에서 방편적으로 진리를 설해 주었다. 그리고 도가 성숙되어 능히 깊은 진리를 받아들일 준비가 되어 있는 사람들에게는 궁극적 진리의 차원에서 진리를 설해 주었던 것이다.

붓다의 가르침을 계승하여 대승불교를 확립시킨 나가르주나는 붓다의 설법 방법에 대해 다음과 같이 밝혀 주고 있다.

모든 부처님들께서는 이제(二諦: 두 가지 진리)에 의거하여 중생들을 위해 설법하신다. 첫째는 속제(俗諦)이고, 둘째는 진제(眞諦=第一義諦)이다. 만일 사람들이 이제를 능히 분별하여 알지 못하면 심오한 불법(佛法)에서 진실한 뜻을 알지 못한다. 만일 속제에 의지하지 않는다면 진제를 얻을 수 없고, 진제를 얻지 못하면 열반을 얻을 수 없다.

- 『중론』 제24장

붓다의 설법 방법인 진속(眞俗) 이제는 궁극적 진리 자체를 나타내는 것이 아니며, 또한 두 가지 진리의 영역을 나타내는 것도 아니다. 진리는 본래 속제와 진제로 나눌 수 없는 것이지만, 단지 중생들을 교화하기 위해 방편적으로 그와 같이 구분한 것일 뿐이다. 이러한 이제에 대한 정확한 이해는 곧 붓다의 가르침을 올바로 이해하는 관건이 된다.

붓다가 말한 두 가지 진리 중 속제는 언어와 사유의 영역에 속하는 것으로, 세상에서 진리라고 관용적으로 인정되는 것을 말한다. 진제는 언어와 사유의 영역을 넘어선 것으로, 흔히 불교의 근본 사상인 연기, 무아, 공, 중도, 열반 등이 여기에 속하는 것으로 말해진다.

속제는 세상에서 일반적으로 인정하는 진리로서, 분별과 차별에서 벗어나지 못한 상태에서 인식된 일상적 진리를 말한다. 속제에서는 중생과 부처가 있고, 번뇌와 열반이 있으며, 차안과 피안의 구분이 있다. 그러나 진제에서는 이러한 모든 분별이 완전히 사라지고 없다. 진제는 궁극적인 진리로 이원적 분별 인식과 집착에서 완전히 벗어난 상태에서 사물의 있는 그대로의 참모습을 꿰뚫은 진리를 말한다.

여기서 두 가지 진리, 즉 속제와 진제 가운데 어느 것이 더 중요한가 하는 물음은 무의미하다. 그것은 마치 과정과 결과 가운데 어느 것이 더 중요한가 하고 묻는 것과 같다. 결과도 중요하지만 과정도 똑같이 소중한 것이다. 과정이 없다면 결과도 없기 때문이다.

경험적 진리는 비록 궁극적인 것이 아니라고 할지라도 결코 무시되어서는 안 된다. 이 경험적 진리가 바로 이제 가운데 속제이다. 불교에서는 세상에서 관용적으로 옳다고 인정되는 것도 진리로서 그 중요성과 가치를 인정하고 있다. 비록 그것들이 한계적이고 불완전한 것이라고 할지라도 똑같은 진리로서 차별 없이 수용하고 있는 것이다. 『중론』을 저술하여 대승불교의 기반을 닦은 나가르주나도 "속제에 의지하지 않는다면 진제를 얻을 수 없다"고 천명함으로써 속제의 중요성을 털끝만큼도 손상시키지 않는다.

이러한 사실을 통해 보더라도 불교가 허무주의나 염세적 세계관을 표방하고 있다거나, 현실을 부정하는 종교라는 세간의 비판과 오해는 단순히 불교에 대한 무지에서 비롯된 것임을 분명히 알 수 있다.

나가르주나는 이제의 구별을 모르면 붓다의 심오한 가르침을 제대로 이해할 수 없다고 하였다. 속제란 세속에서 인정되는 까닭에 진리라고 표현한 것이다. 진제란 본래 언표 불가능한 것이지만, 중생들을 가르치기 위해 언어라는 수단을 통해 표현된다. 언어가 아니면 그것을 표현할 방법이 없기 때문이다. 언어와 사유를 넘어서 있는 깨달음의 세계도 중생들을 제도하기 위해 언어로써 표현되고, 따라서 이러한 언설에 의한 설법은 붓다의 입멸에 이르기까지 계속되는 것이다.

하지만 그와 같이 언어로 표현된 붓다의 모든 가르침은 단지 중생들을 진리로 인도하기 위한 방법과 길일 뿐이지, 그 자체로 영원불변의 진리를 지시하는 것은 아니다. 이제의 가르침 역시 예외가 될 수 없다. 따라서 이제의 가르침을 통해 그 의미를 정확히 깨달아 알았다면 이제 그것에서도 떠나야 한다. 그렇지 않고 끝까지 이제의 가르침에 집착하고 매달린다면 그런 사람은 결코 그 참뜻을 알지 못하게 될 것이다.

진리는 본래 진제와 속제로 나눌 수 없는 것이지만, 단지 중생들을 제도하기 위해 방편적으로 그와 같이 구분하여 설한 것일 뿐이다. 따라서 진제와 속제로 나눈 것도 방편이요, 언어로 표현 불가능한 진제를 언어로 나타낸 것도 역시 방편일 따름이다. 그러므로 그러한 임시적인 구분을 실제적인 구분인 양 착각해서도, 또 진제에 해당하는 연기, 무아, 공, 중도, 열반 등을 영원불변의 진리로 여기고서 거기에 집착해서도 안 되는 것이다.

진리는 언어로 표현 불가능한 것이다. 그럼에도 붓다는 중생들을 교화하기 위해 어쩔 수 없이 언어라는 수단을 빌려 방편적으로 진리를 설해 주었지만, 사실상 언어로 표현된 붓다의 모든 교법들은 여전히 진리를 온전히 나타내 주지 못하는 근본적인 한계를 가지고 있으므로 말로 표현될 수 없고 전달될 수 없는 부분은 오직 각자가 스스로 깨달아 아는 수밖에 없다. 즉각적이고 직접적인 깨달음은 순전히 자기의 몫으로 남는다.

5. 붓다의 역할

붓다는 우리에게 깨달음을 주는 수여자가 아니다. 단지 우리가 깨달음에 이를 수 있도록 인도하고 이끌어 주는 훌륭한 안내자일 뿐이다. 붓다는 사람들을 해탈시키는 것이 아니라, 그가 스스로 해탈에 도달했던 것처럼 사람들이 스스로 해탈에 이를 수 있는 길을 가르친다.

어느 날 바라문 가나까 목갈라나가 붓다에게 다음과 같이 여쭈었다.

"붓다의 가르침을 듣고 어떤 이는 열반을 성취하고 어떤 이는 성취하지 못하는 이유가 무엇입니까?"

이에 붓다가 말하였다.

"어떤 사람이 그대에게 다가와 라자가하로 가는 길을 묻는다면 그대는 이렇게 대답할 것이다. '이 길을 따라가면 어떤 마을을 만나게 되고, 조금 더 가면 성읍을 만나게 된다. 거기서 조금 더 가면 아름다운 공원과 숲과 들판과 연못이 있는 라자가하에 도착할 것이다'. 그런데 그대의 안내를 받고도 어떤 이는 잘못된 길로 들어서 반대편으로 가기도 하고, 또 어떤 이는 그대의 안내를 따라서 라자가하에 무사히 도착할 것이다. 그 이유가 무엇이겠는가?"

가나까 목갈라나가 공손히 대답했다.

"그것은 제가 어떻게 할 수 없는 일입니다. 저는 다만 길을 안내했을 뿐입니다."

그 말을 듣고 붓다가 말했다.

"어떤 제자는 나의 가르침을 듣고 궁극적 목표인 열반을 성취할 것이고, 어떤 제자는 성취하지 못할 것이다. 여래는 다만 길을 안내하는 자일 뿐이다."

- 『가나까 목갈라나 경』

붓다는 다만 안내자일 뿐이며, 우리에게 깨달음을 주는 수여자가 아니다. 깨달음은 다른 사람에게서 얻을 수 있는 것이 아니다. 사람들은 밖에서 부처를 구하고 깨침을 얻으러 다니지만, 깨달음은 자기 스스로 터득해야 하는 것이지 타인에게서 얻을 수 있는 것이 아니다. 붓다 역시 깨닫기 전에는 여러 스승을 찾아다니며 깨달음을 구했지만 결국 누구에게서도 얻지 못하고 스스로 명상하고 수련하여 마침내 깨달음을 이루었던 것이다.

붓다는 자기 스스로 해탈에 도달했던 것처럼, 제자들에게 해탈을 주는 것이 아니라 그들 스스로 해탈을 얻을 수 있도록 안내하고 일깨워 줄 뿐이다. 깨달음은 타인에게 전해 줄 수 있는 것도 아니고, 또 타인에게서 얻을 수 있는 것도 아니다. 그것은 오직 자기 스스로 깨달아 알아야 하는 자각의 세계인 것이다.

6. 뗏목의 비유

붓다의 교법들은 단지 우리를 목적지(열반)로 데려다 주기 위한 배와 같은 수단일 뿐이다. 우리가 배를 타고 강이나 바다를 건너 원하는 목적지에 도달했다면 배에서 내려야 하듯이, 붓다의 가르침을 통해 열반이라는 목적지에 도달한 뒤에는 붓다의 모든 교법들에서 떠나야 하는 것이다.

붓다는 항상 모든 견해와 이론, 법칙들에 대한 집착에서 떠나라고 하였다. 왜냐하면 그것들은 모두 진리를 있는 그대로 나타내 주는 것이 아니기 때문이다. 심지어 붓다는 자신의 가르침에서조차도 떠나야 한다고 분명한 어조로 말하고 있다.

붓다는 기원정사에 있을 때 제자들에게 이렇게 말하였다.

"나는 너희들이 집착을 버리도록 하기 위해 '뗏목의 비유'를 들겠다. 어떤 나그네가 긴 여행 끝에 바닷가에 이르렀다. 그는 생각하기를 '바다 건너 저쪽은 평화로운 땅이다. 그런데 배가 없으니 어떻게 건너가야 할까? 갈대와 나무로 뗏목을 엮어 건너가야겠군' 하고 부지런히 뗏목을 만들어 무사히 바다를 건너갔다.

그는 다시 생각하였다. '이 뗏목이 아니었다면 나는 저 넓고 거친 바다를 건널 수 없었을 것이다. 이 뗏목은 내게 큰 은혜를 베풀었으니 그것을 메고 가야겠다.' 너희들은 어떻게 생각하느냐? 그가 그렇게 함으로써 그 뗏목에 대해 자기가 할 일을 다했다고 생각하느냐?"

제자들은 하나같이 그렇지 않다고 대답했다. 이에 붓다가 다시 물었다.

"그러면 그가 어떻게 해야 자신이 해야 할 일을 다하게 되겠느냐?"

제자들 가운데 아무도 대답하는 이가 없자, 붓다는 이렇게 말하였다.

"그는 바다를 건너고 나서 이렇게 생각해야 할 것이다. '나는 이 뗏목으로 인해 거칠고 험한 바다를 무사히 건너왔다. 다른 사람들도 이 뗏목을 이용할 수 있도록 물에 띄워 놓고 이제 나는 내 갈 길을 가야겠다.' 이와 같이 하는 것이 그 뗏목에 대해서 할 일을 다하게 되는 것이다.

너희들은 잘 들으라. 너희들이 나의 교법을 배워 그 뜻을 안 이후에는 이 뗏목처럼 내가 말한 교법까지도 버려야 하는 것이지 결코 거기에 집착해서는 안 된다. 하물며 법이 아닌 것이야 더 말할 필요가 있겠느냐."

- 『남전 중부 사유경』

이와 같은 붓다의 말은 당시의 직제자들에게는 무척이나 당혹스럽고 의아한 말이었을 것이다. 깨달음을 성취한 붓다의 교법을 진리 그 자체로 여기고서 절대적으로 순종하고 믿어 의심치 않았는데, 그것마저 버리라고 했으니 그들의 심적인 혼란과 당혹스러움은 오죽했겠는가? 그러나 붓다가 왜 이런 말을 했는지 그 의도를 정확히 알고 나면 그에 대한 의문은 자연히 해소될 것이다. 즉, 붓다의 모든 교법들은 결코 진리 그 자체를 온전히 나타내 주는 것이 아니며, 단지 언어라는 수단을 빌려 방편적으로 진리를 설한 것일 뿐이므로 궁극적으로는 자신의 교법들에 대한 집착에서도 떠나라고 한 것이다.

또 다른 비유를 들면, 붓다의 교법들은 숲속에서 길을 잃고 방황하는 나그네(무명의 어둠 속을 헤매는 중생들)에게 필요한 길 안내도(guide map)와 같은 것이다. 그것을 통해 미로와 같은 숲속을 무사히 벗어나게 되면 그 안내 지도는 더 이상 필요 없게 되는 것이다.

이렇게 볼 때 우리는 붓다의 교법을 영원불변의 진리로 집착하기 위해 공부하는 것이 아니라, 궁극적으로는 붓다의 교법에서조차 벗어나기 위해서 공부하는 것이라는 사실을 알 수 있다. 바로 이것이 붓다가 진정으로 의도하는 바이기도 하다.

학문 공부, 인생 공부뿐만 아니라 진리 공부 또한 마찬가지이다. 학문을 하되 여러 학자들의 주장과 학설들에 집착하기 위한 공부가 되어서는 안 되는 것처럼, 진리에 집착하기 위한 진리 공부가 되어서는 안 되는 것이다. 학문 공부가 되었든 진리 공부가 되었든 궁극적으로는 그것들에 대한 집착에서 떠나야만 하는 것이다. 따라서 우리는 일체 모든 것들에 대한 집착에서 벗어나기 위해 그것들을 공부하고 있는 셈이다.

참된 공부란 바로 이런 것이다. 즉, 공부의 요체는 버리는 데 있지 집착하는 데 있지 않다. 그래서 동양의 현자들은 한결같이 모든 분별과 집착에서 떠나라고 항상 강조해 마지않는 것이다.

그렇다고 해서 이 말을 무턱대고 모든 것을 부정하고 버리라는 뜻으로 오인해서는 안 된다. 우리가 수많은 이론이나 견해들을 통해 그것들이 말하고자 하는 의미를 알았다면 이제 그것들로부터 떠나야 한다는 말이다. 그렇지 않고 그것들에 집착하고 매달린다면 우리는 결코 실상에 도달하지 못하게 될 것이다.

실상에 도달하기 위해서 우리는 욕심을 버리고, 자아에 대한 집착(我執)을 버리고, 모든 분별적 지식(分別智)을 버려야 할 뿐만 아니라, 더 나아가 진리에 대한 집착에서도 떠나야 한다. 즉, 진리에 대한 모든 견해와 생각을 내려놓아야 한다는 말이다. 왜냐하면 진리에 대한 그 어떤 견해와 이론이라 하더라도 그것들은 모두 진리 그 자체와 거리가 먼 것이기 때문이다.

흔히 세상 사람들은 지식을 쌓으면 쌓을수록 세상에 대해 더 많이 알게 되고, 또 사실과 진실에 더 가까이 다가갈 수 있을 것이라고 생각하는 경향이 있다. 하지만 진리 차원에서 볼 때 분별적 지식을 쌓는 것이 오히려 사실과 진실에서 더욱 멀어지는 결과를 낳을 수도 있다는 사실을 분명히 알아야 한다. 다만 학문적 지식에 집착하지 않는 한에 있어서만 어느 정도의 진실성과 유용성을 확보할 수 있으며, 그렇지 않고 그것들에 집착하고 매달린다면 오히려 사실에서 더욱 멀어질 뿐만 아니라 그 본래의 실용적 가치마저 크게 훼손시키는 결과를 초래하게 된다. 이는 학문 공부가 되었든 인생 공부가 되었든 진리 공부가 되었든 그 모두에 공통적으로 적용되는 대원칙이다.

진리에 대한 그 어떤 견해와 이론이라 하더라도 그것들을 진리 그 자체로 간주하고서 거기에 집착하고 매달린다면 우리는 진리와 더욱 멀어지게 된다. 붓다의 교법들 역시 마찬가지이다. 그래서 붓다는 법(法)이 아닌 것은 물론이거니와 심지어 자신의 교법들에서도 떠나라고 한 것이다.

그런데 이 말을 잘못 받아들이면 자칫 모든 것을 무의미하고 무가

치한 것으로 여김으로써 허무주의적 단멸론에 빠질 우려가 있다. 그러나 이러한 생각조차도 벗어던져야 하는 것이다. 붓다가 가장 경계한 것도 바로 이와 같이 한쪽 극단에 치우친 그릇된 생각에 빠지는 것이다. 일반 사람들은 물론 지성인들조차 이러한 함정에 쉽게 빠져드는 경향이 있음을 볼 수 있다. 붓다의 가르침은 결코 허무주의나 염세적 세계관을 표방하는 것이 아니다. 앞에서 살펴본 바와 같이 붓다는 상견(상주론)과 단견(허무주의적 단멸론)을 모두 한쪽 극단에 치우친 삿된 견해(邪見)로 간주하여 철저히 배격하였다.

흔히 붓다가 일생 동안 베푼 모든 교설은 오직 깨달음을 성취하게 하기 위한 방편일 뿐이라고 한다. 위의 뗏목의 비유가 이러한 붓다의 입장을 단적으로 대변하고 있다. 그러므로 우리가 깨달음이라는 목적지에 도달한 후에는 거기에 도달하기 위한 수단과 방편으로서의 붓다의 교설들을 모두 잊어야 하는 것이다.

이와 같이 우리가 붓다의 교설들까지도 궁극적으로는 버려야 할 수단이요, 방편이라고 할 때, 그것은 마치 바다를 건너게 해 준 뗏목처럼 붓다의 교설들을 통해 깨달음이라는 목적지에 도달했다면 이제 그 본래의 역할은 다한 셈이다. 다시 말해 붓다의 교설들은 그 자체로서 목적이 아니라는 말이다. 그럼에도 불구하고 붓다의 교법들을 버리지 않고 끝까지 거기에 집착한다면 그것은 곧 붓다의 가르침을 정면으로 위배하는 것이 될 뿐만 아니라, 또한 그 교법들의 참뜻을 모르게 됨으로써 결국 깨달음에도 이르지 못하게 될 것이다.

불교 전통에 있어서의 모든 이론이나 견해에 대한 무집착의 태도는 바로 이러한 붓다의 가르침을 충실히 이행해 온 것임을 잘 보여 준다. 우리가 집착하지 말아야 할 것은 단지 언어로 표현된 모든 이론이나 견해들뿐만이 아니다. 더 나아가 붓다의 모든 가르침들에도 집착하지 말아야 하는 것이다.

7. 이원적 분별 인식과
   집착에서 떠나라

"부처님께서는 갖가지 견해에서 벗어나게 하시려고 공(空)의 진리를 말씀하셨다. 그러나 만일 공이 있다는 견해를 다시 갖는다면 어떤 부처님도 그런 자는 교화하지 못하신다"[96]라고 한 나가르주나의 말에서 알 수 있듯이, 붓다는 모든 이론과 견해들에 집착하지 말 것을 가르쳤다. 심지어 붓다 자신의 교법들에도 집착하지 말라고 하였다.

그런데 우리가 집착하지 말아야 할 것은 단지 언어로 표현된 이론과 견해들만이 아니다. 만일 우리가 언어로 표현되고 진술된 모든 이론과 견해들에 집착하지 않아야 한다면, 이와 동일한 의미에서 언어와 사유를 넘어선 것들, 예를 들면 불교에서 궁극적인 것으로 간주되는 연기, 무아, 공, 중도, 열반, 깨달음 등에 대해서도 똑같이 집착하지 않아야 하는 것이다. 왜냐하면 그것들에 집착하는 한 우리는 여전히 이원적 분별 인식과 집착에서 완전히 떠난 것이 아니기 때문이다. 바로 이것이 붓다가 정확히 의도하는 바이기도 하다. 그럼에도 불구하고 우리가 그것들에서 떠나지 않고 끝까지 집착하고 매달린다면, 그것은 곧 붓다의 가르침의 진의에서 더욱 멀어지는 것이 되고, 종국에

---

96) 『중론』 제13장.

는 진리에도 도달하지 못하게 될 것이다.

앞에서 중도의 의미를 '모든 분별과 집착에서 떠난 무소득의 상태에 있는 것이라고 규정한 바 있는데, 이러한 중도의 뜻 그대로 모든 이론과 견해에 대한 집착에서 떠나야 할 뿐만 아니라, 더 나아가 언망여절의 경지인 중도 자체에 대한 집착에서도 떠나야 한다. 그때서야 비로소 모든 집착에서 완전히 떠난 것이라고 말할 수 있다. 만약 다른 모든 것들에 대한 집착에서는 떠났다고 하더라도 중도에만은 집착하고 매달린다면, 그것은 아직 모든 집착에서 완전히 떠난 것이 아니기 때문이다.

붓다의 충실한 계승자인 나가르주나는『중론』을 저술하여 팔사(八邪) 등의 그릇된 개념 인식과 견해들을 타파하고, 다시 중도에 집착하는 견해마저 버린 무소득의 중도를 주장하였다. 이는 공(空)을 통해 모든 견해로부터 벗어나게 되었다면 이제 공에 대한 집착에서도 떠나라고 한 것과 동일한 논리이다. 붓다는 우리의 분별적 사고와 집착을 끊어주기 위해 공을 설한 것이다. 그리하여 공을 통해 모든 분별적 사고와 갖가지 견해들에 대한 집착에서 벗어났다면, 이제 공에 대한 인식과 집착에서도 떠나야 한다. 그럼에도 불구하고 다시 공에 집착하고 매달린다면, 그런 사람은 여러 부처님도 교화하지 못한다고 엄중히 경고하고 있다. 이와 마찬가지로 중도를 통해 모든 분별과 집착에서 벗어나게 되었다면, 이제 중도에서도 떠나야 하는 것이다. 그렇지 않고 다시 중도에 집착한다면, 그는 아직 중도의 참뜻을 모르는 것임은 물론 여전히 이원적 분별 인식과 집착에서도 완전히 떠나지 못한 것이다.

말이나 언어는 실상을 올바로 나타내지 못하는 근본적인 한계를 가지고 있다. 따라서 언어로 진술된 모든 견해와 이론들은 모두 실상과는 거리가 먼 것일 수밖에 없다. 아직 닦음이 일천하고 지혜가 부족한 사람은 우선 언어적 가르침에 의지하여 진리를 추구해 나가야 하겠지만, 궁극적으로는 언어로 표현된 모든 견해와 이론들에서 떠나 스스로 진리를 궁구하고 체득하고 깨달아야 하는 것이다. 붓다가 연기, 무아, 공, 중도, 열반 등의 가르침을 베푼 것도 단순히 그것들을 불변의 진리로서 주장하기 위함이 아니라, 그것들을 통해 진리에 이르도록 하는 데 그 목적이 있는 것이다. 그러므로 궁극적으로는 그것들에 대한 집착에서도 벗어나야만 비로소 진리(실상)에 도달할 수 있는 것이다.

그런데 모든 이론과 견해에 대한 집착에서 떠나라고 하는 말을 잘못 받아들이면 자칫 모든 것이 무의미하고 무가치할 뿐이라고 하는 허무주의 내지 염세적 세계관으로 흐를 위험성이 있다. 그러나 그와 같은 생각은 이 말의 진의를 크게 오해한 것이다. 모든 견해와 이론에서 떠나라고 해서 이 말이 곧 모든 것을 부정하고 해체하여 순전한 무로 돌려 버리라는 의미는 아닌 것이다.

이분법적 사고에 깊이 빠져 있는 사람들은 언제나 절대주의(상견)와 허무주의(단견)라는 양 극단 외에는 우리에게 남겨진 다른 선택의 길은 없다고 확신하는 경향이 있다. 하지만 중도를 지향하는 붓다의 입장에서 볼 때 그러한 양극적 사고는 모두 한쪽 극단에 치우친 편향적 사고일 뿐이다.

우리가 이분법적 사고에 젖어 있는 한 절대주의와 허무주의의 양 극단에서 벗어나기란 쉽지 않다. "이러한 절대주의와 허무주의의 양 극단은 모두 실제의 생활 세계로부터 우리를 멀어지게 한다. 절대론의 경우, 우리는 우리의 인생이 정당하고 목적을 지닌 것이라는 느낌을 얻기 위해 기반을 끌어들이면서 실질적인 경험에서 멀어지려고 노력

한다. 허무주의의 경우, 그러한 기반을 찾으려는 시도가 실패함에 따라 우리는 어떤 측면에서는 우리를 자유스럽게 하고 변화시키기조차 하는 우리의 일상 경험과 함께 살아갈 가능성을 거부한다".[97]

무엇인가 기반이 되는 근거를 끝까지 추구하면서 그 끈을 절대로 놓지 않으려는 우리의 불안한 마음이 낳은 산물이 바로 절대주의이다. 만약 그런 끈질긴 노력과 갈망이 실패로 끝날 경우 곧바로 허무주의의 나락으로 떨어지고 말기에 우리는 끝까지 무언가 기반이 되는 근거를 붙잡고 싶어 한다.

그러나 그런 기반이나 실체를 찾는 데 실패했다고 하여 실망하거나 낙담할 필요는 없다. 허무주의가 절대주의를 대신할 유일한 선택지는 아니기 때문이다. 즉, 허무주의가 영원한 기반을 찾으려는 모든 노력들이 실패한 결과 좌절과 괴로움과 절망의 상태에서 어쩔 수 없이 우리가 선택해야 할 유일한 길은 아닌 것이다. 만일 절대주의가 설 자리가 없다면, 허무주의가 자리할 곳이 없기는 마찬가지이다.

불교적 관점에서 볼 때, 절대주의와 허무주의는 모두 한쪽에 치우친 극단적 견해로서 둘 다 실상과 거리가 먼 사견(邪見)일 뿐이다. 다시 말해 그것들은 단지 우리의 마음이 가상으로 설정해 놓은 허구적 관념에 지나지 않는다. 그러므로 우리는 절대주의와 허무주의의 양극단에서 떠나야 한다. 그러한 극단적 사고와 견해에 대한 집착에서 떠나지 않는다면 우리는 결코 실상에 도달하지 못하게 될 것이다.

이뿐만이 아니다. 흔히 많은 불교인들이 불변의 진리라고 믿어 의심치 않는 불교 경전들뿐만 아니라 『성경』, 『도덕경』, 사서삼경 등 수많

---

97) 바렐라·톰슨·로쉬 공저, 석봉래 옮김, 『인지과학의 철학적 이해』, 옥토, 1997, 368쪽.

은 동서양의 경전들과 고전들은 모두 진리 그 자체의 기록이 아니므로 우리는 그것들에도 집착하지 말아야 한다는 것이다. 왜냐하면 진리는 언어로 표현 불가능하기 때문이다. 또한 지금까지 있어 왔던 역사상의 수많은 논쟁들, 예를 들면 우연론과 필연론, 결정론과 자유론, 절대론(절대주의)과 상대론(상대주의), 실재론과 유명론, 상주론과 단멸론, 유물론과 유심론, 일원론과 이원론 등 상대적인 입장을 취하고 있는 모든 이론과 주장들은 반드시 그 속에 치명적인 약점과 자기모순을 내포하고 있는, 한계적이고 불완전한 견해들일 뿐이라는 사실을 분명히 알아 둘 필요가 있다(진리는 결코 언어로 표현할 수 없다는 사실을 통해 보더라도 그러한 모든 이론과 견해들은 여전히 진리와 거리가 먼 것일 수밖에 없는 것이다). 그리하여 그러한 주장들이 모두 한쪽 극단에 치우친, 부분적이고 한계적이며 자기모순을 내포한 불완전한 견해들일 뿐이라는 사실을 명확히 알았다면, 우리는 이제 그러한 불필요한 논쟁에 휩쓸려 소중한 시간을 낭비하는 우를 두 번 다시 범하지 말아야 할 것이다.

다시 한 번 정리해서 말하면, 이와 같이 언어로 표현된 모든 견해와 이론에서 떠나라는 말을 곧이곧대로 해석하여 우리가 그것들을 무조건 배척하고 부정하고 무시해도 좋다는 의미로 받아들여서는 안 된다는 것이다. 단지 그것들은 진리 그 자체를 온전히 나타내 주는 것이 아니므로 그것들에 과도하게 집착하지 말라는 뜻이다.

모든 견해와 이론들은 부분적이고 한계적이며 모순을 내포하고 있기 때문에 진리 그 자체를 온전히 나타내 주지 못한다. 또한 동원 가능한 모든 이론과 견해들을 합한다고 해도 그것들은 결코 우리를 진리로 인도할 수 없다. 다시 말해 그것들은 우리에게 진리에 대한 부분적이고 근사적인 지식과 정보를 줄 수 있을지 몰라도 우리를 진리 그 자체로 인도하는 것은 아니라는 말이다. 그래서 모든 견해와 이론들에 대한 집착에서 떠나라고 하는 것이다.

8. 항상 유연하고 열린 시각으로
　세상을 바라보자

　　사람들은 제각기 저마다의 생각과 관점을 가지고 세상을 살아가며
세계를 바라본다. 똑같은 사물이나 현상을 놓고도 그것을 어떤 시각
과 관점에서 보느냐에 따라 천차만별의 다른 생각과 견해를 가질 수
있는 것이다. 예를 들어 과학이란 과학자들의 눈으로 바라본 세계를
설명하는 방식일 뿐이다. 그러므로 그들과 관점을 달리하면 세계는
다르게 보이기 마련이다.

　　그러나 하나의 관점을 가진다는 것은 다른 관점들에 대한 부정이나
배척을 의미하는 것이 되어서는 안 된다. 하나의 관점에서 보아 참인
것이 다른 하나의 관점에서 보면 참이 아닐 수도 있기 때문이다. 또한
굳어진 생각의 구조가 우리로 하여금 사물의 참모습을 보지 못하게
할 수도 있다.

　　흔히 어떤 하나의 관점을 완전한 것으로 간주할 때 오류가 발생한
다. 알고 보면 그것은 단지 부분을 전체화한 관념적 오류에 지나지 않
는다. 마치 코끼리의 일부분만을 더듬어 보고서 그것이 곧 전체 모습
인 양 착각하는 소경에 대한 옛날이야기에서 알 수 있는 것처럼, 관찰
자의 무지와 편견은 자기의 상상으로 대상을 더럽힌다. 또한 그를 사
로잡고 있는 편견은 사물들의 본래 모습을 간과해 버리게 만든다. 우

리의 시야가 어느 한쪽 극단에 경도되고 고정화되는 순간 마음은 독선과 편견에 물들게 되고, 따라서 장님 코끼리 만지듯 부분을 전체화하는 관념적 오류를 쉽게 범하고 마는 것이다.

우리 일상적 인간은 항상 자신의 주관적인 감정과 욕망이라는 색안경을 끼고 세상을 바라봄으로써 사물과 현상을 있는 그대로 보지 못한다. 본래 모든 사물과 사건은 상호 관련되고 연결되어 있는데, "일상생활 속에서 우리는 이를 깨닫지 못하고 세계를 개별적 사물들과 사건들로 나눈다. 물론 이러한 분할이 우리의 일상적 환경을 다루는 데에는 매우 유용하고 필요하지만 그것이 자연의 본래 모습은 아니다. 그것은 단지 우리의 분별하고 범주화하는 지성이 궁리해 낸 하나의 추상이다. 개별적 '사물들'과 '사건들'이라는 우리의 추상적 개념을 자연의 실상이라고 믿는 것은 하나의 망상이다".[98]

사실 인간의 모든 인식은 언제나 다른 것과 구별될 때 비로소 가능하기 때문에 분별하고 범주화하는 것은 사유 작용을 위해서 불가피한 측면이 있지만, 그것은 다만 우리의 인식을 위한 방편에 지나지 않는다. 주관과 객관, 주체와 객체의 구분 역시 방편적인 구분일 뿐이다. 주체와 객체의 구분은 독립된 두 실체들 간의 어떤 관계가 아니라, 지식 그 자체의 영역 안에서 지식에 의해 만들어진 방편적 구분에 불과하기 때문이다. 그럼에도 불구하고 현실의 욕망에 눈이 먼 우리 일상적 인간은 주체와 객체를 이분화하는 대상적 사유 방식에 빠져 사물을 편협한 시각과 관점으로 바라봄으로써 있는 그대로의 사물의

---

98) 프리초프 카프라 지음, 이성범·김용정 옮김, 『현대물리학과 동양사상』, 범양사출판부, 1990, 148쪽.

참모습을 보지 못한다.

　이와 같이 주체와 객체를 이분화하는 대상적 인식으로는 사물의 실상을 올바로 파악할 수 없다. 그런 분별적 인식을 통해서는 기껏해야 사물의 피상적이고 단편적인 모습만을 알 수 있을 뿐이다. 지금까지 많은 사람들에게 널리 애용되어 온 논리적 도구로서의 양도논법(兩刀論法)이나 이분법적 사유 방식[99]은 매우 유용한 인식의 수단이기는 하나, 거기에만 극단적으로 매달리거나 빠져서는 안 되는 것이다.

　이분법적 가치에 물든 시각과 관점을 통해서는 세계와 사물의 참모습을 올바로 파악하기란 불가능하며, 따라서 실상을 올바로 파악하기 위해 우리는 상대성의 영역 가운데 어느 한편에 기울거나 치우친 고정불변의 일방적 시각과 관점에서 떠나야만 하는 것이다. 그러나 "이런 말을 한다고 해서 종래의 이분적 사유가 인간 인식의 중요한 측면을 새롭게 개발하고 많은 인간의 문제를 명료화하는 데 기여한 공적을 거부하는 것은 아니다".[100] 이분법적 사고는 분명 뚜렷한 한계를 가

---

99)　오늘날 인류가 맞닥뜨리고 있는 모든 문제점들은 이분법적 사고에 기초한 세계관과 가치관이 가지고 있는 근본적인 한계에서 파생되어 나온 것이다. 즉, 한쪽 극단에 치우친 사고와 인식의 기반 위에 세워진 어떠한 사회 구조나 사상 체계도 반드시 그 속에 치명적인 결함과 자기모순을 안고 있을 수밖에 없다는 점이다. 현재 중병을 앓고 있는 물질 일변도의 현대 문명은 이제 근본적인 해결 방법이 없는 여러 가지 심각한 병적(病的) 현상들, 즉 인간 소외, 가치관의 혼란, 생명 경시, 생태계 파괴, 자원 고갈, 지구 온난화 등의 많은 문제점들을 속속 드러내고 있으며, 이러한 기술 문명의 치우친 발달이 불러 온 현대 세계의 병폐 현상과 파국적 위기 상황을 극복하기 위해서는 종래의 이분법적 사고에 기반하는 세계관과 가치관의 혁명적 전환을 통해 인류 문명의 방향을 새롭게 설정해야 할 것이다.

　　앞으로 지구촌 인류 문명을 이끌어 갈 새로운 세계관과 가치관을 동양 사상, 그중에서도 특히 불교 사상에서 찾을 수 있을 것이라고 조심스럽게 전망해 본다. 이는 단지 필자 혼자만의 생각은 아니다. 바렐라, 톰슨, 로쉬는 『인지과학의 철학적 이해』라는 책에서 "동양 철학의 재발견, 특별히 불교적 전통의 재발견은 유럽의 르네상스 시기에 그리스 사상의 재발견만큼이나 중요한 의미를 갖는 서양 문화사에서의 '제2의 문예 부흥'이 될 것"이라고 전망하고 있다.

100)　김용옥, 『노자철학 이것이다(상)』, 통나무, 1990. 83쪽.

지고 있지만, 우리는 그것을 전적으로 배척하거나 부정하는 일 없이 다만 현상 세계의 이해와 인식을 위한 하나의 유용한 수단으로서 적절히 활용할 따름이다.

모든 분별과 차별은 인식을 위한 대전제이다. 일원과 이원, 일(一)과 다(多), 동일성과 다양성 등의 모든 분별은 우리의 인식과 이해를 위해 필수적으로 요구되는 것이다. 그런데 인간의 모든 인식과 의식은 오직 분별과 차별을 통해서만 가능한 데 반해, 실상(實相)은 그러한 모든 분별을 떠나 있다는 데 근본 문제가 있다. 즉, 모든 분별과 차별을 떠나 있는 실상은 분별을 본질로 하는 우리의 인식을 통해서는 결코 포착할 수 없다는 것이다.

결국 우리는 논리적 지성과 분별적 사고를 통해 진리를 파악하려는 모든 노력과 시도를 포기하고 단념할 수밖에 없다는 결론에 이르게 된다. 그러나 불교에서는 진리의 체득이 실현 불가능한 일이라고 말하지 않는다. 우리 인간은 누구나 진리를 체득할 수 있는 직관적 지혜와 통찰력을 가지고 있다고 확언한다. 다만 진리를 깨닫기 위해서는 무엇보다 먼저 근본적이고 혁명적인 인식과 사고의 전환이 절실히 요구됨을 말하고 있다.

지금까지 우리가 길들여져 온 분별적 사고와 이분법적 가치에 물든 시각과 관점을 통해서는 존재의 실상을 올바로 파악하기란 불가능하며, 따라서 실상에 가까이 다가가기 위해서 우리는 편견 없는 열린 마음과 유연하고 균형 잡힌 시각과 관점을 가지고 세상과 사물을 바라볼 수 있도록 항상 노력해야 할 것이다.